Gesunde Ernährung Ratgeber

Wie Sie die einfachen Prinzipien einer gesunden Ernährungsweise leicht verstehen und in Ihren Alltag integrieren für mehr Energie und weniger Körperfett

Paula Weißmantel

INHALT

Einführung/ Einleitung

Die Ernährung sollte in Deinem Alltag eine große Rolle spielen. Denn: Die richtige Auswahl der Lebensmittel spiegelt sich in unserer Leistung wider. Während der Mensch morgens nach dem Frühstück die höchste Leistungsbereitschaft hat, fällt die Leistung nach dem Mittagessen rapide ab. Während die Leistungsbereitschaft nach dem Abendessen wieder einen Anstieg verzeichnen kann, sinkt sie nach Mitternacht enorm, um sich für den nächsten Tag zu erholen.

Um ständig eine gute Leistungsbereitschaft abrufen zu können, müssen wir uns gesund ernähren. Der menschliche Körper benötigt ungefähr fünf Wochen, um sich an eine Ernährungsumstellung zu gewöhnen. Starte am besten sofort mit der richtigen Ernährung, um so schnell wie möglich eine hohe Leistung im Alltag zu erzielen.

Für eine ausgewogene Ernährung solltest Du fünf Mahlzeiten am Tag zu Dir nehmen. Das Frühstück stellt eine kleine Mahlzeit dar, während das Mittagessen ruhig etwas größer ausfallen darf. Ein Mann darf am Tag 2.200 Kilokalorien zu sich nehmen, während eine Frau nur 2.000 Kilokalorien zu sich nehmen sollte. Natürlich ist die Kalorienzufuhr abhängig von der Körperleistung der Person.

Auch Schlaf ist äußerst wichtig, um tagsüber eine große Leistungsbereitschaft abrufen zu können. Man sagt, dass 7 bis 9 Stunden ideal sein sollen, um erholt zu sein. Erfahre in diesem Ratgeber alles über einen gut funktionierenden Stoffwechsel, den Testosteronspiegel, Deinen Blutzuckerspiegel und die allgemeine Basis der Gesundheit. Außerdem wirst Du erfahren, wieso Du nicht nur strickt ein Ernährungskonzept verfolgen solltest.

Grundlagenwissen Ernährung

SÜSSSTOFFE

Man könnte irrtümlicherweise annehmen, dass Süßstoffe der ideale Ersatz für Zucker sind. Schließlich haben die meisten Süßstoffe entweder wesentlich weniger Kalorien als Zucker oder sind sogar vollkommen kalorienfrei. Leider ist dem nicht so. Süßstoffe haben noch nie effektiv dazu beigetragen, dass Menschen schlanker geworden sind. Im Gegenteil. Obwohl Süßstoffe meist kalorienfrei sind, können sie trotzdem dazu führen, dass Du dicker wirst. Wusstest Du, dass Süßstoffe schon seit Jahrzehnten in der Landwirtschaft benutzt werden, um Schweine zu mästen?

Das Schweinefutter wird mit geringen Mengen Süßstoffen versetzt, damit die Tiere schneller zunehmen. Wen wundert es, dass das auch beim Menschen funktioniert. In keinem anderen Land werden so viele Süßstoffe und Lightgetränke konsumiert wie in den USA. Und in keinem anderen Land gibt es so viele dicke Menschen. Sollte uns das nicht zu denken geben?

Süßstoffe üben wahrscheinlich auf zwei Wegen einen negativen Einfluss aus: Der Süßstoff suggeriert dem Gehirn durch den süßen Geschmack, dass jetzt Zucker kommt. Es geschieht aber nichts. Der Körper bereitet sich auf den steigenden Blutzucker und die Ausschüttung von Insulin vor, ohne dass dieses Ereignis eintritt. Daraufhin bekommen wir verstärkten Appetit und es stellt sich Heißhunger ein. Außerdem reagiert der Körper auf diesen „Betrug", in dem er den Grundumsatz herunterfährt, in dem er die Durchblutung der obersten Hautschichten verringert und so versucht, Wärmeverluste zu vermeiden. Süßstoffe führen also dazu, dass der Körper weniger Kalorien verbraucht, also der Grundumsatz zurückgeht. Außerdem erzeugen sie mehr Appetit. Auf diese Weise führen Süßstoffe nach einer Weile zu mehr Körperfett anstatt zu einer Gewichtsabnahme.

Süßstoffe sind aber noch in anderer Hinsicht bedenklich: Viele Süßstoffe kommen in der Natur nicht vor. Sie können vom menschlichen Körper nicht abgebaut werden und werden mit dem Urin unverändert wieder ausgeschieden. Sie gelangen dann ins Abwasser und schließlich in die Umwelt. Was sie dort genau anrichten, ist bis heute nicht genau erforscht.

Gibt es empfehlenswerte Süßstoffe?

Neben den künstlichen Süßstoffen gibt es noch eine Reihe von weiteren Süßungsmitteln, die alle mehr oder weniger natürlichen Ursprungs sind. Können diese Stoffe vielleicht Zucker ersetzen und sind sie weniger schädlich? Sehen wir uns die wichtigsten der Reihe nach an.

Xylit

Xylit ist eine interessante Alternative zu Zucker. Es ist auch unter der Bezeichnung „Birkenzucker" im Handel erhältlich. Der Name kommt daher, weil Xylit früher hauptsächlich aus dem Saft von Birken gewonnen wurde. Mittlerweile wird der Stoff aber größtenteils aus Mais hergestellt. Einer der wichtigsten Produzenten ist China. Xylit ist ein sogenannter Zucker-Alkohol. Es ist zwar nicht völlig kalorienfrei, hat aber wesentlich weniger Kalorien als Zucker bei ähnlicher Süßkraft.

Auch die kristalline Struktur von Xylit erinnert an Haushaltszucker. Nimmt man etwas Xylit in den Mund, spürt man ein kühles Gefühl, wenn die Kristalle sich auflösen. Xylit wird verstoffwechselt, ohne den Insulinspiegel zu beeinflussen, und ist darum gut für Diabetiker geeignet. Wegen seines relativ hohen Gewichts und seiner Beschaffenheit kannst Du es auch in Rezepten gut verwenden, um Zucker zu ersetzen.

Xylit hat außerdem eine zahnschützende Wirkung, weshalb es zum Beispiel auch Kaugummi zugesetzt wird. Xylit behindert offenbar das Wachstum der Karies erzeugenden Bakterien und trägt so zum Schutz der Zähne vor Krankheiten bei.

Man sollte vermeiden, es im Übermaß zu verzehren, da es dann zu Verdauungsstörungen in Form von Blähungen und Durchfällen kommen kann.
Noch ein wichtiger Hinweis für Tierhalter: Du darfst niemals Deinem Hund Lebensmittel geben, die mit Xylit gesüßt sind. Auf Hunde wirkt Xylit nämlich ziemlich giftig. Katzen vertragen es dagegen ohne Probleme und profitieren wie der Mensch ebenfalls von der zahnschützenden Wirkung.

Stevia

Stevia ist ein Süßungsmittel, das in Europa noch relativ neu ist und erst seit gut 10 Jahren in größerem Umfang bekannt ist. Erst 2011 wurde es von der EU zugelassen. Stevia wird aus den Blättern der gleichnamigen, in Südamerika beheimateten Pflanze gewonnen. Die Steviapflanze wird in Südamerika in großem Stil angebaut und dort seit jeher zum Süßen verwendet. Auch in Japan ist Stevia seit Jahrzehnten im Gebrauch. Allerdings hat Stevia gegenüber Zucker einige praktische Nachteile. Stevia hat in seiner Naturform einen starken Beigeschmack, der die Süße überlagert. Dieser charakteristische Geschmack erinnert etwas an Lakritz und ist zudem ein wenig bitter. Um diesen leicht bitteren Geschmack soweit wie möglich zu entfernen, muss die Steviapflanze sehr aufwändig verarbeitet werden und das aus den Blättern gewonnene Roh-Steve weiter raffiniert und gereinigt werden.

In der praktischen Anwendung gibt es einige Einschränkungen. Stevia ist nicht hitzestabil, das macht es zum Backen weniger geeignet. Es hat außerdem eine sehr geringe Dichte. Das heißt, es ist sehr leicht und man kann deswegen in Rezepten Zucker, der relativ schwer ist, nicht ohne Weiteres durch Stevia ersetzen.

Damit ist Stevia nicht für die Verwendung in allen Rezepten geeignet.

Gut geeignet ist es zum Süßen von Getränken. Gesundheitlich ist Stevia wahrscheinlich unbedenklich. Es gab allerdings Untersuchungen, die den Verdacht äußerten, dass Stevia eventuell Magenkrebs fördern könnte. Dieser Verdacht hat sich aber offenbar nicht erhärtet.

Achtung beim Kauf von Stevia: Es gibt Stevia-Mischungen im Handel, bei denen man das Stevia mit reichlich Maltodextrin versetzt hat, um ihm mehr Volumen und Gewicht zu geben. Außerdem ist das Maltodextrin natürlich viel billiger. Maltodextrin ist aber vor allem Zucker. Mit anderen Worten: Versuche, möglichst reines Stevia zu bekommen und nicht fragwürdige Mischungen mit anderen Süßstoffen und Zuckern.

Dicksäfte

Besonders in der Ökoszene finden Dicksäfte als vermeintlich gesunde Alternative zum Zucker immer mehr Anhänger. Sind Agavendicksaft oder Birnendicksaft wirklich das bessere Süßungsmittel? Die Antwort ist ein klares „Nein". Wenn etwas zu gut aussieht, um wahr zu sein, dann ist es auch nicht wahr... Zucker bleibt Zucker, auch wenn er aus Früchten oder

Pflanzen gewonnen wird. Schließlich wird der Industriezucker ja auch aus Pflanzen gewonnen und Zuckerrüben sind auch nicht unnatürlicher als Agaven. Hinzu kommt noch, dass die Dicksäfte auch noch ziemlich teuer sind. Hier wird eine Alternative für teures Geld angeboten, die in Wirklichkeit keine ist.

Honig
Honig ist immerhin ein Naturprodukt und enthält gewisse antibiotische und entzündungshemmende Substanzen. Denk aber daran, dass auch Honig eine Mischung aus Fruktose und Glukose ist und sich in der Verdauung nicht viel anders verhält als Industriezucker. Honig kommt in der Natur nur in kleinen Mengen vor. Dementsprechend solltest Du ihn auch nur sparsam in deiner täglichen Ernährung verwenden. Denn Honig ist zwar ein Naturprodukt, aber eben trotzdem Zucker.

WEIZENMEHL

Weizen ist in unserer modernen Ernährung praktisch allgegenwärtig. Das ist kein Wunder, denn er ist unglaublich vielseitig verwendbar und ein Allzweckprodukt der Lebensmittelindustrie. Leider ist es so, dass der Weizen, der heute angebaut wird, kaum noch etwas mit dem Weizen zu tun hat, von dem sich noch unsere Großeltern ernährt haben. Im Laufe der letzten 50 Jahre wurden immer ertragreichere Weizensorten gezüchtet, die immer besser auf die Bedürfnisse der Lebensmittelindustrie abgestimmt wurden. So enthält der heute angebaute Weizen viel mehr Gluten als früher. Gluten ist ein Klebereiweiß, das dafür sorgt, dass der Teig beim Backen gut zusammenhält und feinporig aufgeht. Eigenschaften, die für Bäckereien sehr wichtig sind. Früher konnte Weizen bis zu 1,20 m hoch werden, heutiger Weizen ist kurz gezüchtet und wird durch Pflanzenhormone zusätzlich kurz gehalten, um die Standfestigkeit der Halme zu erhöhen und weniger Stroh zu produzieren. Gluten ist leider nicht unproblematisch. Die zunehmende Zahl von Menschen, die unter unklaren Verdauungsbeschwerden oder tatsächlich einer ausgeprägten Glutenunverträglichkeit leiden, könnte etwas mit dem steigenden Glutengehalt im modernen Weizen zu tun haben.

Es wird vor allem mehr Weizen konsumiert denn je zuvor. Weizen ist überall enthalten: in Pizza, Pasta, allen Arten von Kuchen und Keksen, Snacks, Brot und Brötchen. Außerdem werden Weizenmehl und Weizenstärke als preiswerte Rohstoffe in unzähligen Fertiggerichten eingesetzt. Wenn Du unter unklaren

Verdauungsproblemen leiden solltest, könnte eine Glutenunverträglichkeit die Ursache sein. Das Vollbild der Krankheit wird auch als Zöliakie bezeichnet.

Das Gluten löst dabei eine Autoimmunreaktion aus, durch die sich die Darmschleimhaut entzündet. Wer von Zöliakie betroffen ist, muss Weizen und auch alle anderen glutenhaltigen Getreide wie Roggen und Gerste meiden. Es scheint aber so zu sein, dass es auch Unverträglichkeiten gegen Weizen gibt, die nicht unmittelbar mit dem Gluten zusammenhängen. Weizen enthält neben Gluten auch noch andere Stoffe, gegen die sich Unverträglichkeiten entwickeln können.

Versuch also einfach mal, einige Wochen mit aller Konsequenz auf Weizenprodukte zu verzichten.

Mögliche Symptome einer Unverträglichkeit gegen Weizen sind:

- Müdigkeit
- Depressionen
- Entzündungen
- Durchfall
- Blähungen
- Verstopfung
- Kopfschmerzen
- Stimmungsschwankungen

Wenn sich nach 2 Wochen ohne Weizen Deine Beschwerden verbessern, kannst Du davon ausgehen, dass Du auch in Zukunft besser auf Weizen verzichten solltest.

Weizen: Risikofaktor für Diabetes und Übergewicht

Weizen hat aber noch eine andere Eigenschaft: Weizenstärke kann vom Körper extrem schnell aufgenommen und verwertet werden. Der Blutzuckerspiegel schießt nach einer größeren Zufuhr von Weizenstärke rapide in die Höhe. Der Körper muss jede Menge Insulin ausschütten, um diesen Zuckerschub abzubauen und den Blutzuckerspiegel zu normalisieren. Die überschüssigen Kohlenhydrate werden dann im Körper in Fett umgewandelt.

Weizen tritt außerdem häufig zusammen mit Zucker auf, zum Beispiel in Gebäck und Fertiggerichten. Die Blutzuckerschwankungen führen zu Müdigkeit und Heißhungerattacken und fördern damit unkontrolliertes Essen und damit Übergewicht. Weizen ist damit zusammen mit Zucker eine weitere Ursache für die weltweit um sich greifende Fettleibigkeit.

Wenn Du auf Zucker und Weizen verzichtest, wirst Du feststellen, dass es erstaunlich einfach ist, sein

Körpergewicht zu halten. Vollkornprodukte aus Weizen sind übrigens bei einer Weizenunverträglichkeit genauso schädlich wie Produkte aus weißem Weizenmehl. Das Gleiche gilt für den Blutzuckerspiegel. Die Empfehlung, viel „gesunde Vollkornprodukte" zu essen, versorgt den Körper zwar mit mehr Ballaststoffen als bei Weißbrot, aber ansonsten wirkt Weizen genauso auf den Körper.

Wenn Du nicht ganz auf Weizen verzichten möchtest, solltest Du zumindest die Kombination von Weizen und Zucker vermeiden, also süßes Gebäck, Kekse, Kuchen etc. Verzehre Brot und Nudeln am besten immer mit reichlich Gemüse, weil dann die Blutzuckerschwankungen geringer sind als beispielsweise beim Essen von Weißbrot.

Welche Alternativen gibt es zu Weizen?

Die Frage ist, welcher Aspekt für Dich entscheidend ist. Wenn Du eine Unverträglichkeit gegen Gluten hast, kommen Gerste, Hafer oder Roggen nicht als Alternativen in Frage, weil sie ebenfalls Gluten enthalten. Auch Dinkel ist keine Lösung, da er ebenfalls Gluten enthält. Du kannst dann nur auf Pseudogetreide wie Quinoa oder Buchweizen zurückgreifen, die biologisch nicht mit Getreide verwandt sind.

Wenn es Dir hingegen um die Auswirkungen von Weizen auf den Blutzuckerspiegel geht, können auch andere Getreide eine Lösung sein. Roggen und Hafer haben eine andere Zusammensetzung. Haferflocken sind ein Kohlenhydrat, das sogar ausdrücklich für Diabetiker empfohlen wird.

MILCH

Es gab mal eine Zeit, in der man gesagt hat, dass Milch gut für die Knochen sei. Allerdings sehen immer mehr Gesundheitsforscher diese Aussage als absolute Lüge. Immer mehr Menschen verzichten auf den Genuss von Milch. Viele von ihnen verzichten komplett darauf, einige andere greifen sogar zu einer Alternative. Wieso sollte man nun auf Milch verzichten?

Man sagt, dass Milch die Knochen des Menschen gesund macht. Allerdings hat man nun festgestellt, dass Milch weder vor Knochenbrüchen schützt noch Osteoporose vorbeugt. Es wurde sogar bereits herausgefunden, dass in den Ländern, in denen die Menschen gar keine Milch zu sich nehmen, die niedrigste Osteoporose-Rate zu finden ist.

Milch enthält sehr viel Calcium, liefert jedoch nur sehr wenig Magnesium. Calcium und auch Magnesium sind sehr wichtig für die Knochen des Menschen. Ob der Mensch Calcium besser aus einer pflanzlichen Quelle oder aus einer tierischen Quelle aufnehmen und verwerten kann, ist gleichgestellt. Laut einer bereits seit längerer Zeit bestehenden Studie aus Amerika liegt das Risiko, an Akne zu erkranken, wenn man regelmäßig Milchprodukte zu sich nimmt, deutlich höher als bei Menschen, die keine Milch trinken. Das Risiko bei Milchtrinkern ist demnach um 44 Prozent erhöht.

Auch bei Männern hat die Aufnahme von Milch einen negativen Einfluss auf die Gesundheit. So soll die Gefahr für Prostatakrebs bei Männern, die Milch trinken, zwischen 30 und 50 Prozent erhöht sein. Wieso das Risiko für Krebs durch die Aufnahme von Milch erhöht ist? Wenn Du Milch trinken solltest, werden insulinähnliche Wachstumsstoffe der Sorte 1 vermehrt ausgeschüttet. Diese Wachstumsstoffe sind krebsfördernd.

Viele Menschen können im Übrigen gar keine Milch trinken, weil sie an einer Laktoseintoleranz leiden. Was ist eine Laktoseintoleranz? Bei einer Laktoseintoleranz kann der Betroffene den Milchzucker in den Milchprodukten nicht verdauen. Der Milchzucker kommt aus dem Darm nicht so schnell wieder raus und vergärt dort. Blähungen und Durchfall können die Folge sein.

Deshalb gibt es mittlerweile einige Alternativen, die bereits von fast jedem Supermarkt angeboten werden. Mögliche Alternativen können also die pflanzlichen Milchsorten, wie zum Beispiel Soja-, Hafer-, Reis- oder Mandelmilch, sein.

Bevor die Milch jedoch beim Endkunden landet, wird sie dementsprechend behandelt. Die meisten Menschen, vielleicht sogar auch Du, haben noch nie richtige Milch getrunken – unbehandelte Milch. Bevor die Milch im Supermarkt landet, wird sie heutzutage maschinell gemolken, extrem gekühlt, einige Tage gelagert, erhitzt, homogenisiert, möglicherweise im Fettgehalt verändert, durch etliche Stahlrohre geleitet und dann in Glas oder in einer Kunststofftüte verpackt. Allerdings muss man nach dieser Tortur wissen, dass eine extreme Kühlung der Milch eine gewaltige Qualitätsminderung mit sich bringt.

FETTE (GESUNDE FETTE/ UNGESUNDE FETTE)

Fett galt seit Mitte der sechziger Jahre generell als ungesund. Angeblich machten Fette dick und wer reichlich Butter und Sahne zu sich nahm, erhöhte sein Risiko für einen Herzinfarkt oder Schlaganfall. Während die Medizin fettarme Ernährung propagierte, brachte die Industrie immer neue Lightprodukte heraus, die fettreduziert waren. Magermilch und Magerquark standen hoch im Kurs und Fleisch musste nach Möglichkeit ebenfalls mager und fettfrei sein.

Das stellt die Landwirtschaft vor erhebliche Herausforderungen und Schweine wurden in dieser Zeit drastisch umgezüchtet und auf fettarmes Fleisch getrimmt. Das stressanfällige Schwein für die Massentierhaltung entstand, mit wenig Fett, viel wässrigem Muskelfleisch mit wenig Geschmack, das in der Pfanne zusammenschrumpft.

Fett: Ursache für Übergewicht und Herzkrankheiten?

Bei der Herstellung von Lightprodukten stand die Industrie zunächst vor Problemen: Fett ist ein Geschmacksträger und macht satt. Entzieht man es den Lebensmitteln, werden diese fade und wässrig. Um einen fettarmen Joghurt wieder einigermaßen genießbar zu machen, kommen daher Verdickungsmittel und reichlich Zucker zum Einsatz, um über das fehlende Fett hinwegzutäuschen. Während der Fettverbrauch in den letzten vierzig Jahren eher gesunken ist, ist der

Verbrauch an Zucker gestiegen. Übergewicht und Diabetes sind verbreiteter denn je zuvor. Inzwischen weiß man, dass es Unsinn war, Fett zu verteufeln. Natürlich kann man übergewichtig werden, wenn man große Mengen fetthaltiger Lebensmittel verzehrt. Doch die meisten Menschen werden heute aufgrund einer zu großen Zufuhr von Kohlenhydraten übergewichtig und nicht etwa, weil sie zu viel Fett konsumieren.

Fett alleine verursacht weder einen zu hohen Cholesterinspiegel noch Diabetes oder Herzinfarkte. Fett ist sogar absolut lebensnotwendig. Zum einen gibt es eine Reihe von Vitaminen, die nur mit Fett zusammen vom Körper aufgenommen werden, die sogenannten fettlöslichen Vitamine A, D, E und K. Zum anderen ist Fett nicht nur ein wichtiger Energieträger für den Organismus, sondern Fett und fettähnliche Substanzen wie Cholesterin sind wichtige Baustoffe des Nervensystems.

Wir unterscheiden zwischen drei, eigentlich sogar vier verschiedenen Typen von Fetten, und zwar je nach der Beschaffenheit der Fettsäuren. Fette bestehen maßgeblich aus Fettsäuren und diese können eine unterschiedliche Struktur haben. Wir wollen hier nicht im Detail auf alle Einzelheiten eingehen, das würde zu tief in den Bereich der organischen Chemie gehen, aber es gibt gesättigte, einfach ungesättigte und mehrfach ungesättigte Fette sowie Transfette.

Gesättigte Fette

Gesättigte Fette sind meist tierische Fette sowie reine Pflanzenfette wie Kokos- und Palmöl. Sie haben eine mehr oder weniger feste Konsistenz, sind hitzestabil und daher gut zum Backen, Braten und Frittieren geeignet. Sie sind für den Körper nicht zwingend notwendig und reine Energieträger. Sie sind außerdem leicht verdaulich.

Ungesättigte Fette

Einfach gesättigte und mehrfach ungesättigte Fette enthalten sogenannte essentielle Fettsäuren, die vom Körper nicht selbst hergestellt werden können, und müssen daher mit der Nahrung aufgenommen werden. Sie sind vorwiegend in pflanzlichen Ölen enthalten. Eine ausgezeichnete Quelle für mehrfach ungesättigte Fettsäuren ist zum Beispiel Leinöl. Auch Olivenöl und Rapsöl enthalten reichlich ungesättigte Fettsäuren. Besonders wertvoll und wichtig für den Körper sind Omega-3-Fettsäuren und Omega-6-Fettsäuren. Die meisten Menschen nehmen zu viele Omega-6-Fettsäuren und zu wenige Omega-3-Fettsäuren zu sich, was

Entzündungsreaktionen im Körper fördern kann. Omega-6-Fettsäuren sind reichlich in den meisten Pflanzenölen verfügbar, während Omega-3-Fettsäuren hauptsächlich in Leinöl, fettem Seefisch und Lebertran enthalten sind.

Fette, die einen hohen Anteil ungesättigter Fettsäuren enthalten, sind nur bedingt zum Braten und Frittieren geeignet, da sie eine geringe Hitzebeständigkeit aufweisen und sich beim Erhitzen schnell schädliche Transfette bilden.

Transfette
Schließlich gibt es noch die Transfette. Diese sind wirklich schädlich, bilden Ablagerungen in den Arterien und sorgen für entzündliche Veränderungen. Transfette entstehen, wenn Fette hoch erhitzt werden und sich dabei nach einiger Zeit chemisch verändern. Sie kommen in der Natur kaum vor und entstehen vor allem, wenn Fette beim Frittieren und Braten hohen Temperaturen ausgesetzt sind. Diese veränderten Fette sind wirklich hochgradig schädlich und eine Gefahr für Deine Gesundheit. Frittierfett in Imbissbetrieben ist oft mit Transfetten belastet, das gilt besonders dann, wenn das Fett selten gewechselt wird oder die Temperatur zu hoch eingestellt ist. Auch frittierte Backwaren

wie Donuts sind häufig mit einem relativ hohen Gehalt an Transfetten belastet.

Regeln für den Umgang mit Fetten

Es gibt keinen Grund, Fett in der Nahrung generell zu vermeiden. Ungesättigte Fettsäuren sind für den Organismus sogar lebenswichtig, weil sie vom Körper nicht selbst hergestellt werden können. Fette sind außerdem wichtig, um fettlösliche Vitamine aufzunehmen. Verwende zum Braten und Frittieren stets hitzebeständige Fette wie Kokosfett oder Palmöle (Biskin). Diese Fette bestehen zwar überwiegend aus gesättigten Fettsäuren, sind aber sehr hitzestabil und bilden infolgedessen beim Erhitzen wenig Transfette.

Ansonsten solltest Du Fette und Öle bevorzugen, die einen hohen Gehalt an ungesättigten Fettsäuren haben. Besonders Leinöl ist eine hervorragende Quelle für Omega-3-Fettsäuren und dabei deutlich preiswerter als Seefisch. Auch Olivenöl ist ein sehr wertvolles Öl, mit dem Du Dir einen gesundheitlichen Gefallen tust.

FISCH

Unser Körper benötigt Omega-3-Fettsäuren. Dieser Nährstoff ist für unseren Körper existenziell. Das

Problem ist jedoch, dass unser Körper diesen Nährstoff nicht selbst herstellen kann. Wir müssen die Fettsäuren also über unsere Nahrung aufnehmen. Was passiert, wenn wir diesen wichtigen Nährstoff nicht über die Nahrung aufnehmen? Nicht selten kommt es vor, dass der Betroffene an Herz-Kreislauf-Problemen, Nervenstörungen oder auch oftmals an entzündlichen Reaktionen leidet. Doch auch Autoimmunerkrankungen können vorkommen, wenn man die Omega-3-Fettsäuren nicht über die Nahrung aufnimmt.

Früher galt Fisch als absolutes Muss für eine gesunde und ausgewogene Ernährung. Heutzutage warnen die Experten vor dem Verzehr von Fisch. Immer mehr Fischarten gelten mittlerweile als das giftigste Lebensmittel der Welt. Besonders bei der Fischzucht aus Norwegen solltest Du dringend aufpassen. Immer mehr Lachse werden viel zu viel mit Pestiziden und Antibiotika gefüttert. Besonders in den letzten Jahren fand die übermäßige Fütterung schließlich ein Opfer – die Natur. Mittlerweile kann man am Grund des Meeresbodens eine große Menge an Ablagerungen in Form von Fäkalien erkennen, diese geben gefährliche Schadstoffe ab.

Der Frisch kommt in Berührung mit diesen Schadstoffen und nimmt diese auf. Der Fisch landet dann beim Menschen auf dem Teller, sodass auch wir Menschen mit den Schadstoffen in Berührung kommen. Mittlerweile wurde beim norwegischen Lachs sogar eine genetische Veränderung wahrgenommen. Der Fettgehalt dieser Fische liegt ungefähr 3- bis 4-mal höher als bei Fischen, die im freien Gewässer leben. Ein Mensch sollte diesen fettreichen Fisch höchstens einmal in der Woche zu sich nehmen. Die extreme Umweltverschmutzung sorgt also dafür, dass die Menschen durch die Aufnahme von Lachs aus Norwegen schneller an Fettleibigkeit erkranken können. Auch das Krebsrisiko soll durch die Aufnahme des fettreichen Fisches gesteigert werden.

Fakt ist jedoch, dass man den Verzehr von Fisch total überbewertet und die eigenen Fähigkeiten des Körpers völlig unterschätzt. Laut einer Studie hatten Veganer, die kein Fleisch und auch keinen Fisch verzehren, die besten Werte bezüglich der Omega-3-Fettsäuren. Denn sie haben ausreichend pflanzliche Quellen genutzt, um ihren Haushalt an Omega-3-Fettsäuren aufrechtzuerhalten. Mit einer gesunden Ernährung ist das also ganz einfach möglich. Ein nützliches Mittel, um dem Körper alles zu liefern, was er benötigt, ist ein veganes Algenpräparat.

WARUM TYPISCHE DIÄTEN NICHT FUNKTIONIEREN

Möchtest Du erfolgreich abnehmen und Dein Übergewicht reduzieren? Wenn ja, solltest Du alle herkömmlichen Diäten meiden wie der Teufel das Weihwasser. Diäten haben zwei große Nachteile: Sie machen Dich nicht auf Dauer schlank und Du bist nach kurzer Zeit wieder dicker als zuvor. Und sie ruinieren langfristig Deinen Stoffwechsel und sorgen dafür, dass Du immer leichter zunimmst. Seit etwa 40 Jahren werden Diäten in großem Stil in Form von Büchern und Zeitschriften veröffentlicht und Millionen Menschen versuchen, abzunehmen, und nahezu alle scheitern dabei kläglich. Und das kann auch gar nicht anders sein, denn Diäten können gar nicht langfristig funktionieren.

Diäten sind tückisch: Der JoJo-Effekt
Was ist eine Diät? Bei einer Diät verringerst Du Deine Nahrungsaufnahme drastisch, so dass es zu einer Unterversorgung Deines Körpers mit Energie kommt. Der Körper soll quasi durch Vortäuschen einer Hungersnot dazu gezwungen werden, seine Fettreserven anzugreifen. Das funktioniert in den ersten Tagen auch ganz gut. In der Regel wirst Du in den ersten Tagen bei den meisten Diäten einen sichtbaren Erfolg wahrnehmen.

Das liegt zum einen daran, dass der Körper Wasser ausscheidet, und zum anderen werden tatsächlich Fettreserven abgebaut. Es gibt erste Erfolge, Du verlierst ein paar Kilos und bist guter Dinge.

Leider bleibt das nicht lange so. Schon nach wenigen Tagen wirst Du gereizt und fahrig, Deine Konzentration lässt nach und Deine Gedanken beginnen, zunehmend ums Essen zu kreisen. Dein Körper will nämlich kein Fett abbauen. Er hat dieses Fett als Vorräte für schlechte Zeiten eingelagert und trennt sich nur sehr ungern davon. Und weil Du ihm mit Deiner Diät klar gemacht hast, dass jetzt schlechte Zeiten da sind, versucht er, mit dem Fett solange wie möglich auszukommen und so wenig wie möglich davon zu verbrauchen.

Die Diät führt dazu, dass Dein Körper in einen Energiesparmodus schaltet und sich Dein Grundumsatz verringert. Dein Körper lässt alles nur noch auf Sparflamme laufen. Deshalb fühlst Du Dich in diesem Teil der Diät auch schlaff und kraftlos und kannst Dich schlecht konzentrieren. Hinzu kommt, dass der Körper bei extremer Mangelernährung – und alle herkömmlichen Diäten bedeuten Mangelernährung – auch Eiweiß zur Energiegewinnung heranzieht. Du verlierst nicht nur Fett, sondern auch Muskelmasse. Das ist schlecht, denn Muskelmasse verbraucht viel Energie und erhöht den Grundumsatz an Energie. Je mehr Muskeln Du hast, desto mehr Kalorien verbrauchst Du und desto leichter kannst Du abnehmen. Wenn Du bei einer Diät Muskelmasse verlierst, verringerst Du damit auf Dauer Deinen Grundumsatz, bis Du die entsprechende verlorene Muskelmasse durch Training wieder neu aufgebaut hast.

Das Ende vom Lied lässt nicht lange auf sich warten: Die Diät wird beendet. Es wird wieder normal gegessen, so, wie vor der Diät. Jetzt kommt die große Stunde des JoJo-Effektes: Der Körper ist immer noch im Energiesparmodus und er ist darauf erpicht, das verlorene Fett so schnell wie möglich wieder zu ergänzen. Der Grundumsatz ist immer noch viel niedriger als vor der Diät. Die Folge: Die verlorenen Kilos sind in erstaunlich kurzer Zeit wieder da. Und in den meisten Fällen klettert das Gewicht sogar noch höher als vor der Diät. Deshalb kann man mit gutem Gewissen sagen: Auf lange Sicht machen Diäten dick.

Wie Du auf Dauer Übergewicht loswerden kannst

Wenn Du wirklich erfolgreich Gewicht verlieren willst, musst Du Deine Ernährung auf Dauer umstellen und Dich körperlich betätigen. Du musst genug Eiweiß zu Dir nehmen und Du solltest den Verzehr von

Kohlenhydraten massiv reduzieren, damit der Körper dazu gezwungen ist, langfristig Körperfett zu verbrennen. Du musst natürlich weniger Kalorien zu Dir nehmen, als Du verbrauchst, das ist klar. Es sollte sich aber nur um eine leichte Unterdeckung des normalen Kalorienbedarfs handeln. Gleichzeitig solltest Du mit einer gesunden Ernährung und reichlich körperlicher Bewegung darauf achten, dass Dein Stoffwechsel aktiv bleibt. Auf diese Weise kannst Du langsam, aber kontinuierlich Gewicht verlieren. Mach Dich darauf gefasst, dass es vielleicht nicht mehr als ein bis zwei Kilogramm pro Monat sein werden. Dafür ist diese Gewichtsabnahme aber auch von Dauer. Sei Dir darüber im Klaren, dass es eine Rückkehr zu Deinen alten Ernährungsgewohnheiten so nicht gibt. Wenn Du auf Dauer abnehmen willst, musst Du Deine Ernährung auf Dauer so umstellen, dass Du zumindest nicht wieder zunimmst.

Sobald Du Deine Ernährung erfolgreich umgestellt hast, kannst Du ziemlich froh sein. Denn es gibt viele Diäten, die eine extreme Umstellung voraussetzen, sodass man nach Beendigung der Diät oft dem JoJo-Effekt verfällt. Was bedeutet eine extreme Umstellung? Viele Hersteller bieten ein bestimmtes Pulver an, welches man als Nahrungsersatz zu sich nehmen soll. Dieses Pulver wirkt oft sättigend, sodass man weniger zu Süßigkeiten greift oder zu Heißhungerattacken neigt. Der Sinn des Pulvers ist, die Kalorienmenge drastisch zu senken.

Reduziert man die Kalorienmenge jedoch abrupt für eine kurze Zeit, tritt nach Beendigung der Einnahme des Pulvers oft der JoJo-Effekt auf, da man innerhalb kürzester Zeit wieder seinen alten Verhaltensmustern verfällt. Die meisten Menschen versuchen nach der Einnahme nicht einmal, ihre Ernährung umzustellen. Mithilfe des Pulvers hat die schnelle Abnahme schließlich auch funktioniert. Allerdings hält dieser Effekt nicht langfristig.

Man sagt: Je schneller man Gewicht verliert, desto höher ist auch die Wahrscheinlichkeit, dass man dieses Gewicht wieder zunimmt. Wenn man nämlich die Kalorienzufuhr erhöht, dann schnellt natürlich auch das Gewicht wieder in die Höhe. Viele Menschen erleben sogar, dass das Gewicht noch mehr steigt, sodass sie im Endeffekt sogar mehr wiegen als vor der Diät. Verfolgt man nun wieder eine Diät, bei der man die Kalorienzufuhr stark einschränkt, zeigt das Gewicht auf der Waage wieder weniger an. Du merkst sicherlich, dass sich das Gewicht bei Einhaltung einer strengen Diät und bei Aufgabe dieser Diät wie ein JoJo verhält. Das Körpergewicht steigt und sinkt, steigt und sinkt.

Doch wie kann man nun diesem JoJo-Effekt aus dem Weg gehen? Wie kann man langfristig sein Gewicht halten? Mittlerweile kursieren im Internet viele Mythen rund um das Thema Abnehmen. Viele Menschen sind sich deshalb nicht mehr sicher, wem sie noch glauben können und welche Tipps wirklich funktionieren. Viele Artikel, die im Internet existieren, sind widersprüchlich und beinhalten lediglich Halbwahrheiten.

Um auf Dauer abnehmen zu können, solltest Du Dir einen realistischen Gewichtsverlust pro Woche überlegen. Die Deutsche Gesellschaft für Ernährung empfiehlt diesbezüglich, nicht mehr als ein halbes Kilogramm in der Woche abzunehmen. Niemand sollte während einer Diät hungern, deswegen scheint ein halbes Kilogramm in der Woche sehr realistisch. Doch nicht nur der Hunger spielt beim Abnehmen eine große Rolle, auch die Zufuhr der wichtigen Nährstoffe muss immer berücksichtigt werden.

Nicht nur die eingeschränkte Kalorienzufuhr ist äußerst wichtig, auch die sportlichen Aktivitäten solltest Du, wenn Du abnehmen willst, erhöhen. Egal, welcher sportlichen Aktivität Du nachgehst, die

Hauptsache ist, dass Du Dich regelmäßig bewegst. Die beste Sportart zum Abnehmen ist jedoch Ausdauertraining. Diese Sportart bringt Dich nämlich ordentlich ins Schwitzen, sodass die Pfunde nur so schmelzen.

Eine geringe Kalorienzufuhr und ausreichend Sport sind jedoch noch nicht der Schlüssel zum Abnehmen, denn auch einer gesunden Ernährung solltest Du nachgehen, wenn Du gesund Gewicht verlieren willst. Wenn Du einer Diät nachgehen willst, solltest Du Dich an ein paar Regeln bezüglich der Ernährung halten. Es gibt nämlich Lebensmittel, die sehr viele Nährstoffe enthalten, die Dein Körper benötigt, und es gibt Lebensmittel, die besonders wenig Kalorien haben und dennoch satt machen.

Gemüse und Obst sollten immer auf Deinem Ernährungsplan stehen, denn die meisten Obst- und Gemüsesorten sind kalorienarm und äußerst reich an Nährstoffen. Beim Obst solltest Du allerdings aufpassen, denn oft ist sehr viel Fruchtzucker in den einzelnen Früchten enthalten. Wenn Du drei Portionen Obst am Tag isst, machst Du alles richtig.

Während einer Diät kann man jedoch auch noch andere Lebensmittel essen als Obst und Gemüse. Besonders gut passen Vollkornprodukte, Kartoffeln und Naturreis in Deinen Ernährungsplan.

Diese Lebensmittel verfügen nämlich über viele wichtige Ballaststoffe, die lange satt machen.

Worauf sollte man bei einer dauerhaften Gewichtsabnahme noch achten? Natürlich musst Du auch auf ein paar Lebensmittel verzichten, wenn Du dauerhaft Dein Gewicht halten willst. Wenn Du abnehmen willst, dann solltest Du auf eine regelmäßige Zufuhr von Süßigkeiten verzichten. Genehmige Dir ab und zu ein kleines Stück Schokolade, ein paar leckere Gummibärchen oder etwas anderes, aber achte immer darauf, dass Du diese Leckereien in Maßen genießt. Wer langfristig beim Abnehmen erfolgreich sein will, der darf auf nichts verzichten. Es sei jedem gegönnt, wenn man sich ab und zu mal eine Süßigkeit erlaubt.

Beim Alkohol solltest Du jedoch Vorsicht walten lassen, denn dieser hat meistens sehr viele Kalorien. Alkohol hemmt zudem den Abbau von Fett und steigert den Appetit auf fettiges Essen.

Im Übrigen haben sich asiatische Abnehm-Tipps überall sehr gut bewährt. Japaner zählen nämlich zu den schlankesten Menschen auf der Welt. Höchste Zeit, sich von ihnen Tipps bezüglich des Abnehmens zu holen. Die Hauptbestandteile der japanischen Ernährung sind Fisch, Reis und Gemüse. Diese Lebensmittel enthalten viel Eiweiß und hochwertige Omega-

3-Fettsäuren. Das Gemüse sorgt für die nötigen Vitamine.

Außerdem schwören die Japaner darauf, ihr Essen langsam und bewusst zu genießen. Man sollte sein Essen also bewusst zu sich nehmen, damit das Sättigungsgefühl schneller eintritt. Auch die japanische Wassertherapie kann Dir beim Abnehmen helfen. Dafür musst Du direkt nach dem Aufstehen bis zu einem halben Liter Wasser trinken. Sollte Dir das direkt nach dem Aufstehen zu viel sein, kannst Du auch erst einmal mit einem Glas Wasser beginnen. Steigere die Menge einfach von Tag zu Tag. Nach dem Trinken kannst Du Dir dann wie gewohnt die Zähne putzen. Nach ungefähr 45 Minuten wartet dann Dein Frühstück auf Dich. Nach dem Frühstück musst Du mindestens zwei Stunden warten, bevor Du die nächste Mahlzeit zu Dir nimmst.

Was bringt die japanische Wassertherapie? Einige Studien haben bewiesen, dass die japanische Wassertherapie bereits nach einem Monat Anwendung einen zu hohen Blutdruck senken soll. Außerdem sollen sich die Blutzuckerwerte neutralisieren und die Magenschleimhäute beruhigen.

FITNESS

Viele Menschen trainieren fleißig dreimal in der Woche und stellen nach einiger Zeit fest, dass sie kein bisschen abgenommen haben. Woran liegt das? Für Experten ist die Sache eindeutig. Diejenigen, die vielleicht sehr viel trainieren, allerdings ihrer Ernährung kein bisschen Beachtung schenken, werden nicht abnehmen. Deswegen solltest Du Dich, falls Du ein paar Kilogramm verlieren willst, immer an die 70/30-Regel halten. Diese Regel besagt, dass Deine Ernährung ungefähr 70 Prozent für den Abnehmerfolg verantwortlich ist und der Sport nur lediglich 30 Prozent. Fest steht, dass ohne Sport keine Muskeln entstehen können. Sport sollte man regelmäßig verfolgen, ansonsten verschwindet die Muskelmasse schnell wieder. Allerdings kommen die Muskeln nicht nur vom Sport, auch die Ernährung spielt beim Erhalt der Muskeln eine große Rolle.

Der Körper benötigt zum Erhalt der Muskeln einige wichtige Nährstoffe, Mineralien und Vitamine. Sollte der Körper nicht über diese Nährstoffe und Vitamine verfügen, wirst Du später merken, dass Deine Leistungsfähigkeit drastisch sinkt und Du keine Fortschritte mehr erzielen wirst. Die Ernährung bestimmt

also, ob Dein Körper in der Lage ist, Muskeln aufzu-
bauen.

Komplett auf Sport verzichten solltest Du allerdings auch nicht, wenn Du Gewicht verlieren willst.
Mit ausreichend Sport kannst Du Dein Gewicht leicht
halten und Deinen Körper definieren.

Die Ernährung spielt beim Muskelaufbau einfach
eine sehr große Rolle, doch wieso achten dann 90 Prozent der Menschen, die ins Fitnessstudio gehen, nicht
darauf? Vermutlich wissen sie es einfach nicht besser.
Mittlerweile gibt es sogar viele Nahrungsmittel, die
extra viel Protein enthalten, wie zum Beispiel der Proteinriegel. Auch Sportgetränke sind bei vermeintlichen
Sportfreaks sehr begehrt. Für Sportler gilt es, folgende
Dinge zu vermeiden:

Sportgetränke
Sportgetränke führen zwar das Wort „Sport" im Na-
men, aber Du wirst keineswegs sportlicher oder leis-
tungsfähiger, wenn Du solche Getränke zu Dir
nimmst. Sportgetränke werden von cleveren Werbe-
managern großer Getränkekonzerne entwickelt, um
die Menschen als Kunden zu gewinnen, die Produkten
wie Cola-Getränken oder Limonaden den Rücken ge-
kehrt haben. Sportgetränke sind ein Marketinggag. Sie
enthalten   meistens   neben   Mineralstoffen   und

künstlichen Vitaminen zahlreiche Aromastoffe und Süßstoff, also Chemikalien, deren genaue Wirkungsweise im menschlichen Körper gar nicht wirklich bekannt ist. Das soll jetzt nicht heißen, dass Sportgetränke generell schädlich oder gefährlich sind. Sportlicher wird man davon aber keineswegs, so dass man diese Produkte als weitgehend nutzlos bezeichnen muss.

Proteinriegel

Proteinriegel sind wie Proteinpulver bei einer gesunden, abwechslungsriechen und ausgewogenen Ernährung überflüssig. Natürliche Eiweißquellen wie Fisch, Fleisch und Hülsenfrüchte sowie Eier und Milchprodukte liefern immer noch das beste Eiweiß. Da kann kein industriell hergestellter Proteinriegel mithalten. Iss hochwertiges Eiweiß, zum Beispiel Fleisch von freilaufenden, grasgefütterten Rindern, Geflügel aus Freilandhaltung und hochwertigen Seefisch. Ergänze das tierische Eiweiß mit pflanzlichem Eiweiß aus Erbsen, Linsen, Bohnen und Soja. So bekommst Du alle essentiellen Aminosäuren, die Dein Körper braucht, um sich zu regenerieren und fit und gesund zu bleiben. Proteinriegel sind genauso überflüssig wie Sportgetränke. Denke auch daran, dass eine Überversorgung mit Eiweiß nichts bringt und nur Deine Leber und Deine

Nieren belastet, die das überflüssige Eiweiß abbauen und verstoffwechseln müssen.

Alkohol
Alkohol ist in jeder Hinsicht ein Desaster für Deinen Körper. Alkohol enthält etwa so viele Kalorien wie Zucker und lässt Dich zunehmen. Dabei verbraucht Dein Körper Vitamine und Mineralstoffe beim Abbau von Alkohol. Alkohol entzieht Deinem Körper diese wichtigen Stoffe in großen Mengen. Der „Kater" nach übermäßigem Alkoholgenuss ist unter anderem auf den Entzug von Mineralien zurückzuführen. Alkohol zerstört außerdem Nerven und Gehirnzellen, denn Alkohol ist auch ein Nervengift. Zu allem Überfluss zählt Alkohol auch noch zu den Stoffen, die erwiesenermaßen Krebs verursachen. Damit ist Alkohol ein Gift, dass Du unter allen Umständen meiden solltest.

AMINOSÄUREN

Aminosäuren sind winzige Mikronährstoffe, die in unserem Körper viele wichtige Aufgaben übernehmen. Aminosäuren sind wichtige Bestandteile unserer Nahrung, sie können in essentielle und nicht essentielle Aminosäuren aufgeteilt werden. Für welche Funktionen sind Aminosäuren in unserem Körper verantwortlich? Aminosäuren werden für unser Wachstum, den Muskel- und Gewebeaufbau und für andere Stoffwechselvorgänge benötigt. Nicht alle Aminosäuren können von unserem Körper hergestellt werden, dementsprechend müssen wir sie über die Nahrung aufnehmen.

Insgesamt gibt es 20 verschiedene Aminosäuren, die wichtige Bestandteile der Eiweiße sind, die unser Körper selbst produziert. Allerdings gibt es auch noch Aminosäuren, die nicht in Proteinen vorkommen. Die verschiedenen Arten der Aminosäuren sind unterschiedlich aufgebaut. Es kommt darauf an, wofür der Körper die Aminosäuren benötigt. Ernährungswissenschaftler haben drei verschiedene Arten bestimmt: Die unentbehrlichen Aminosäuren, die der Körper nicht selbst bilden kann, die bedingt entbehrlichen Aminosäuren, die der Körper aus anderen Aminosäuren bilden kann. und die entbehrlichen Aminosäuren, die der Körper selbst bilden kann.

Aminosäuren können unterschiedliche Wirkungen haben. Zum einen werden sie in der Leber zu Proteinen umgewandelt und zum anderen können sie in den Stoffwechsel befördert werden. Im Stoffwechsel können die Aminosäuren dann unterschiedlichen Aufgaben nachgehen.

Entweder werden sie als Transportstoff für Fettsäuren oder auch als Botenstoff im Nerven- und Verdauungssystem genutzt. Damit all die Funktionen gut ablaufen können, solltest Du also auf eine gesunde Ernährung achten. Welche Lebensmittel liefern nun welche Aminosäuren? Lysin findet man in Schweinefleisch, Fisch, Hühnerfleisch und in Linsen. Lysin ist gut für den Ausgleich des Immunsystems. Phenylalanin findet man in Nüssen, Sojabohnen und in Weizenkeime. Mit Tyrosin bildet Phenylalanin die Hormone Adrenalin und Thyroxin.

Lachs, Meeresfrüchte und weißes Fleisch beinhalten Methionin. Methionin stellt mit Cystein die Hauptschwefelquelle in der Nahrung dar. Histidin findet man in Rindfleisch, Fisch, Sojabohnen und Weizenkeimen. Besonders im Säuglingsalter ist Histidin sehr wertvoll, da es beim Gewebeaufbau hilft. Arginin kommt in Nüssen, Eiern, in weißem Fleisch und in fettreichem Fisch vor. Arginin ist wichtig für unseren Harnstoffzyklus. Außerdem verbessert Arginin die Durchblutung unserer Gefäße, sodass Herz-Kreislauf-Erkrankungen verringert werden können.

In Obst, Gemüse und in magerem Fleisch ist jede Menge Cystein enthalten, welches unbedingt beim Methionin-Mangel eingenommen werden sollte.

Methionin ist nämlich für den Aufbau von Gewebe, Haar und Nägeln verantwortlich. Glutamin findet man in unserem Blutplasma und in der Rückenmarksflüssigkeit, außerdem sorgt es für ein starkes Immunsystem und strafft die Haut. Mit Käse, magerem Fleisch, Milch und Eiern kann man Glutamin in den Körper aufnehmen.

Kapitel
Vitamine

Jeder hat schon einmal von Vitaminen gehört. Aber was sind Vitamine eigentlich? Vitamine sind Stoffe, die Dein Körper braucht, um einwandfrei zu funktionieren, und die er in der Regel nicht selbst herstellen kann. Im Jahr 1912 entdeckte der Biochemiker Casimir Funk nach Studien zu der Mangelerkrankung Beriberi, dass diese durch das Fehlen der chemischen Substanz Thiamin (Vitamin B1) verursacht wurde. Er schuf das Kunstwort „Vitamin", eine Zusammensetzung aus vita (Leben) und Amin (Aminogruppe). Viele Vitamine enthalten gar keine

Aminogruppen, zum Beispiel Vitamin C, die Bezeichnung „Vitamin" hat sich aber als Oberbegriff trotzdem etabliert.

Vitamine werden nicht als Energieträger benötigt, wie beispielsweise Fett oder Kohlenhydrate, sondern sie haben komplexere Aufgaben und werden für das einwandfreie Funktionieren der Organe benötigt. Verglichen mit anderen Nahrungsbestandteilen werden Vitamine nur in kleinen Mengen benötigt. Sie sind aber essentiell, d. h., wenn Vitamine nicht in ausreichender Menge aufgenommen werden, bekommst Du Mangelerscheinungen. Bei den meisten Vitaminen ist allerdings auch eine Überdosierung schädlich.

Vitamine werden mit Großbuchstaben von A-K bezeichnet. Man unterscheidet zwischen fettlöslichen Vitaminen, die vom Körper nur dann verarbeitet werden können, wenn Sie zusammen mit Fetten aufgenommen werden (Vitamine A, D, E, K), und wasserlöslichen Vitaminen (B-Vitamine und Vitamin C).

VITAMIN A

Vitamin A ist wie Vitamin D, E und K ein fettlösliches Vitamin. Genau genommen ist Vitamin A keine einzelne Substanz, sondern eine Substanzgruppe, die aus

Retinol (Vitamin A1), Retinal, Retinsäure und Retinyl-palmitat besteht. Vitamin A kommt in tierischen Lebensmitteln vor. Es kann außerdem aus dem Provitamin A (Beta-Carotin) im Körper gebildet werden.

Was macht Vitamin A?

Vitamin A spielt eine wichtige Rolle im Körper und wird in zahlreichen Stoffwechselprozessen benötigt. Besonders unser Sehvermögen hängt von einer ausreichenden Vitamin A-Versorgung ab. Vitamin-A-Mangel beeinträchtigt das Nahsehvermögen und kann Nachtblindheit verursachen. Auch für das Farbsehen und Hell-Dunkelunterscheidungen ist Vitamin A von Bedeutung.

Auf der Haut und Schleimhäuten fördert Vitamin A das Zellwachstum, beugt Schädigungen der DNA vor und unterstützt die Reparaturfunktion der Zellen. Auch bei der Bildung roter Blutkörperchen wird Vitamin A gebraucht. Gesunde Schleimhäute machen es Krankheitserregern schwer, in den Körper einzudringen. Daneben fördert Vitamin A die Bildung weißer Blutkörperchen und stärkt so das Immunsystem. Die Infektanfälligkeit steigt schon bei einem leichten Vitamin-A-Mangel drastisch an.

Bei Kindern ist Vitamin A essentiell für die Bildung gesunder Knochen, bei Erwachsenen unterstützt es die Bildung der Geschlechtshormone Testosteron und Östrogen. Auch die Ausbildung gesunder Spermien in ausreichender Zahl ist abhängig von Vitamin A. Vitamin A ist also ein echtes Multitalent. Zu guter Letzt wird Vitamin A auch für den Eiweißstoffwechsel benötigt. Wer viel Protein zu sich nimmt, braucht darum auch etwas mehr Vitamin A, weil Vitamin A beim Verdauen von Eiweiß verbraucht wird.

Vitamin A-Säure

Vitamin A-Säure – auch Tretinoin bzw. all-trans-Retinsäure genannt – ist ein Abbauprodukt von Vitamin A. Sie wird in Cremes zur Behandlung von Akne eingesetzt. Sie verringert unter anderem die Talgproduktion der Haut und beseitigt Verhornungsstörungen.

Leider hat die Akne-Behandlung mit Vitamin A-Säure oft unangenehme Nebenwirkungen, es kann zu Rötungen, Brennen, Juckreiz sowie zu einem Aufblühen der Akne kommen. Die Behandlung von schwerer Akne mit Vitamin-A-Säure wurde darum von anderen Behandlungsmethoden abgelöst und wird heute nur noch selten praktiziert.

Vitamin A-Säure wird auch in verschiedenen Kosmetika gegen vorzeitige Hautalterung eingesetzt. Es ist vor allem UV-Licht, das die Haut altern lässt, da es die Bildung von Kollagenen hemmt und den Abbau von

Kollagenfasern fördert. Vitamin A-Säure kann die Haut vor diesen beiden schädlichen Prozessen schützen und wird deshalb vereinzelt in Anti-Aging-Cremes verwendet. Weil bei der Verwendung Hautreizungen auftreten können, wird in Deutschland in Cremes nur das harmlosere Retinol verwendet.

Welche Lebensmittel enthalten Vitamin A?

In tierischen Lebensmitteln liegt Vitamin A meist als Retinylpalmitat vor, in pflanzlichen Lebensmitteln kommt es als Provitamin A (ß-Carotin) vor. Besonders viel Vitamin A ist in den folgenden Lebensmitteln enthalten:

- Milch

- Eigelb

- Butter

- Leber (besonders vom Rind)

- Fisch

Provitamin A ist dagegen vor allem pflanzlichen Lebensmitteln. Besonders ergiebig sind:

- Karotten

- Aprikosen

- Cantaloupe-Melonen

- Grünkohl

- Spinat
- Kürbis.

Provitamin A wird nur bei Bedarf im Körper in Vitamin A umgewandelt.

Wie kann man den Vitamin A Bedarf decken?
Der tägliche Bedarf an Vitamin A kann durch Zuführung von Vitamin A oder Provitamin A (Beta-Carotin) gedeckt werden.

Vitamin-A-Mangel zeigt sich in vielen Symptomen:

- Erhöhte Anfälligkeit für Infekte
- Verringerte Sehschärfe
- Trockenheit von Haaren, Nägeln, Augen und Haaren sowie Haarausfall
- Beeinträchtigter Geruchs- und Tastsinn sowie verminderter Appetit
- erhöhtes Risiko für Arteriosklerose, Nierensteine und Krebserkrankungen der Schleimhaut.

Vitamin-A-Mangel kann viele Ursachen haben:

- Stress
- Entzündungen und Operationen
- Erkrankungen wie Krebs, Arthritis oder Aids

- Umweltgifte

- Rauchen

- Alkohol

- starkes Sonnenlicht.

Abführmittel und Cholesterinsenker verschlechtern die Aufnahme von Vitamin A. Durch die Einnahme bestimmter Schlafmittel werden die Vitamin A-Vorräte in der Leber aufgebraucht. Personen, die an Diabetes oder einer Schilddrüsenüberfunktion leiden, haben Probleme, pflanzliche Cartinoide in Vitamin A umzuwandeln.

Überdosierung von Vitamin A

Zu viel Vitamin A ist gefährlich. Zu einer Überdosierung kann es nur bei Vitamin A aus tierischen Quellen oder Nahrungsergänzungsmitteln kommen. Zu einer akuten Überdosis von Vitamin A kann es durch große Mengen an Fisch- oder Seehundleber kommen. Symptome sind Kopfschmerzen, Schwindel und Erbrechen. Nach mehreren Wochen kann es bei anhaltender Überdosis zum Ausfall der Körperbehaarung kommen.

Wird lange Zeit eine Überdosis an Vitamin A eingenommen, sind die Folgen schwerwiegend: Es kann zu erhöhtem Hirndruck, Kalziumüberschuss mit

Folgen wie Bluthochdruck und Nierenversagen, Wucherungen der Knochenhaut sowie einer Vergrößerung der Leber und der Milz kommen. Auch eine tödliche Vergiftung mit Vitamin A ist bei langanhaltender Überdosis möglich.

VITAMIN B1 (THIAMIN)

Vitamin B1 ist ein Vitamin, welches wasserlöslich ist. Man findet es sowohl in tierischen als auch in pflanzlichen Lebensmitteln. Vitamin B1 hilft unserem Körper, die aufgenommenen Kohlenhydrate zu verwerten, um Energie daraus zu gewinnen. Unser Körper kann dieses Vitamin nur in sehr geringen Mengen speichern, aus diesem Grund müssen wir es regelmäßig über unsere Nahrung aufnehmen. Doch Vitamin B1 ist noch für zahlreiche andere Stoffwechselprozesse zuständig. Vitamin B1 wird außerdem noch Thiamin genannt.

Nehmen wir regelmäßig Vitamin B1 zu uns, dann können wir davon ausgehen, dass unser Körper einen gute funktionierenden Energiestoffwechsel hat. Ein gut funktionierender Energiestoffwechsel ist nämlich lebenswichtig für unseren Körper. Besonders der Herzmuskel und unser Gehirn müssen regelmäßig mit jeder

Menge Energie versorgt werden, deshalb muss der Energiestoffwechsel immer auf Trab sein. Der Kontakt zwischen Nerven und der Muskulatur wird ebenfalls durch die Aufnahme von Vitamin B1 gefördert. Auch kann Vitamin B1 nützlich sein, wenn man unter einer Erkrankung des Nervensystems gelitten hat. Die Regeneration kann mithilfe von diesem Vitamin wesentlich schneller erfolgen.

Außerdem soll Vitamin B1 besonders gut für die Gesundheit der Frau sein, denn einige Studien haben bewiesen, dass die PMS-Symptome durch Vitamin B1 gelindert werden. Ebenso sollen Frauen im höheren Alter ein gestärktes Immunsystem vom Vitamin B1 bekommen.

In welchen Lebensmitteln ist das Vitamin B1 enthalten? Man findet dieses Vitamin besonders in Vollkornprodukten, in Haferflocken, Weizenkeimen, Sonnenblumen- und Pinienkernen, Hülsenfrüchten, in Erbsen und in Erdnüssen. Welche Symptome entstehen bei einem Vitamin-B1-Mangel? Folgende Symptome können auftreten, wenn Du zu wenig Vitamin B1 aufgenommen hast: Schlafstörungen, Appetitlosigkeit, Gewichtsverlust, Übelkeit, Muskelschwäche, Wadenkrämpfe und psychische Veränderungen.

Doch auch eine Überdosis kann sich auf unseren Körper negativ auswirken. Unser Körper kann dann zu Krämpfen, Kopfschmerzen, Übelkeit, Hitzegefühl und Herzrhythmusstörungen neigen.

VITAMIN B2 (RIBOFLAVIN)

Vitamin B2 ist ebenso für zahlreiche Stoffwechselvorgänge verantwortlich. Vitamin B2 spielt zum Beispiel für den Wandel von Glukose oder Fettsäuren in Energie eine große Rolle in unserem Körper. Vitamin B2 wir übrigens auch Riboflavin genannt. Das wasserlösliche Vitamin ist auch für das spezielle Eiweiß in unserer Augenlinse von großer Bedeutung. Entweder liegt das Vitamin ungebunden in unserer Nahrung vor oder es ist an diverse Eiweiße gebunden.

In welchen Lebensmitteln findet man Vitamin B2 vor? Vitamin B2 ist überwiegend in Milch und allgemein Milchprodukten zu finden, außerdem kommt es in Fleisch und Fisch sowie in Vollkornprodukten, Hefe und bestimmten Gemüsesorten vor. Besonders in Brokkoli und Grünkohl findest Du Vitamin B2. Wie viel Nahrung muss man nun zu sich nehmen, um den Vitamin B2 Tagesbedarf zu decken?

Laut der Deutschen Gesellschaft für Ernährung sollte man pro Tag 1 bis 1,4 Milligramm Vitamin B2 zu sich nehmen. Allerdings hängt der tägliche Bedarf an Vitamin B2 davon ab, in welcher Verfassung man sich befindet, welches Geschlecht man hat und ob man eventuell schwanger oder in der Stillzeit ist. Den Tagesbedarf kann man schlecht nur mit einem bestimmten Lebensmittel decken. Deshalb solltest Du darauf achten, dass Du ungefähr 1- bis 2-mal in der Woche Fisch verzehrst, Fleisch in Maßen zu Dir nimmst, täglich Milch- und Vollkornprodukte zu Dir nimmst und regelmäßig 100 Gramm Bäckerhefe Deinem Körper über Deine Nahrung zuführst.

Sollte ein Lebensmittel reichlich Vitamin B2 beinhalten, kann es zwar Hitze ganz gut vertragen, allerdings zersetzen sich die Vitamine relativ schnell durch direktes Sonnenlicht. Lebensmittel mit einem hohen Vitamingehalt solltest Du daher immer dunkel lagern. Auch beim Kochen gibt es einen Trick, mit dem Du Deinem Körper noch mehr Vitamine zuführen kannst. Da die Vitamine beim Kochen von Gemüse leicht in das kochende Wasser übergehen, kannst Du das Wasser für die Zubereitung der Mahlzeit ebenso benutzen.

Ein Mangel an Vitamin B2 kommt in Deutschland sehr selten vor. Wenn ein Mangel an Vitaminen besteht, dann sind es meist mehrere Vitamine, die einem Körper fehlen, und nicht nur das Vitamin B2. Menschen, die zu viel Alkohol zu sich nehmen oder sich völlig vegan ernähren, müssen meist bestimmte Vitaminpräparate zu sich nehmen, damit kein Vitaminmangel entsteht. Ab und zu kann es deswegen vorkommen, dass diese Menschen an einem Vitaminmangel leiden. Doch woran merkt man eigentlich einen Vitamin B2-Mangel? Ein Mangel an Vitamin B2 äußert sich vor allem durch Risse an den Mundwinkeln. Außerdem kann die Mundschleimhaut entzündet sein und die Haut kann entzündliche Veränderungen aufweisen. Auch begünstigt ein Mangel an Vitamin B2 den grauen Star.

Kann man auch eine Überdosis an Vitamin B2 haben? Ernährungswissenschaftler haben derzeit noch keine schädlichen Nebenwirkungen erkannt, wenn man zu viel Vitamin B2 zu sich genommen hat.

VITAMIN B3 (NIACIN)

Vitamin B3 ist genauso wie Vitamin B2 für wichtige Stoffwechselvorgänge im Körper verantwortlich. Vor allem ist es für die Herstellung von Fettsäuren zuständig. Vitamin B3 gehört auch zu den wasserlöslichen

Vitaminen, man nennt Vitamin B3 im Übrigen auch Niacin. Niacin findet man in zwei Arten, in Nicotinsäure und Nicotinamid. Unser Körper ist in der Lage, diese beiden Arten ineinander umzuwandeln und aus der Aminosäure Tryptophan selbst Vitamin B3 zu bilden. Allerdings können wir Vitamin B3 auch über die Nahrung aufnehmen.

In welchen Lebensmitteln finden wir Niacin beziehungsweise Vitamin B3? Das Vitamin B3 finden wir besonders in Fleisch, Fisch und Innereien. Allgemein findet man das Vitamin B3 eher in tierischen Produkten. Besonders in Schweine- und Kalbsleber kommt Vitamin B3 gehäuft vor, weshalb Schwangere im ersten Drittel der Schwangerschaft eher auf den Genuss von Leber verzichten sollten. Vitamin B3, welches man in pflanzlichen Lebensmitteln findet, kann der menschliche Körper nicht so gut aufnehmen. Bohnenkaffee enthält besonders viel Vitamin B3.

Je nach Geschlecht und Alter sollten Frauen 11 bis 13 Milligramm Vitamin B3 täglich zu sich nehmen und Männer sollten den Tagesbedarf an Vitamin B3 von 14 bis 17 Milligramm nicht überschreiten. Stillende Frauen dürfen Vitamin B3 bis zu 16 Milligramm täglich zu sich nehmen. Für Kinder, Jugendliche und auch Schwangere gelten andere Richtwerte.

Woran erkennt man einen Mangel an Vitamin B3? Sollte man zu wenig Vitamin B3 in den Körper aufnehmen, bringt das keine typischen Symptome mit sich. Du kannst lediglich an Appetitlosigkeit und an einer allgemeinen Schwäche leiden. Was kann jedoch passieren, wenn Du eine Überdosis Vitamin B3 hast? Solltest Du Vitamin B3 nicht über die Nahrung aufnehmen, sondern über Nahrungsergänzungsmittel, kann der Körper negativ darauf reagieren. Besonders bei Nicotinsäure kann unser Körper leiden, indem er zu Hautrötungen, Hitzegefühl, Hautjucken, Leberschäden und Magen-Darm-Beschwerden neigt.

VITAMIN B5 (PANTOTHEN)

Vitamin B5 wird auch als Pantothensäure bezeichnet und kommt in fast allen pflanzlichen und tierischen Lebensmitteln vor. Vitamin B5 wird von unserem Körper genutzt, um das Coenzym A herzustellen. Dieses Coenzym ist nahezu an 100 Vorgängen unseres Energiestoffwechsels beteiligt. Unser Körper braucht Vitamin B5 also zur Produktion von wichtiger Energie. Auch ist Vitamin B5 an der Synthese von Hämoglobin beteiligt, was den Sauerstoff im Blut transportiert. Vitamin B5 ist auch für den Aufbau von Cholesterin,

Steroidhormonen und Geschlechtshormonen verantwortlich. Du merkst sicherlich, wie wichtig Vitamin B5
für Deinen Körper ist.

Vitamin B5 finden wir in der Leber, in Nieren, Eigelb, Vollkornprodukten und Hülsenfrüchten. Folgende Lebensmittel weisen einen besonders hohen
Wert an Vitamin B5 auf: Kalbsleber, Erdnüsse, gelbe
Erbsen, Naturreis, Hummer, Brokkoli und Eier. Je nach
Alter und Geschlecht werden andere Werte für die tägliche Aufnahme von Vitamin B5 genannt. Während
Säuglinge nur 2 bis 3 Milligramm pro Tag Vitamin B5
aufnehmen sollten, können Kinder bereits eine Menge
von 4 bis 6 Milligramm pro Tag zu sich nehmen. Ju-
gendlichen und Erwachsenen sowie Schwangeren und
Stillenden wird ein Tagesbedarf von 6 Milligramm Vitamin B5 empfohlen.

Wenn Du Lebensmittel mit einem hohen Vitamin-
B5-Gehalt zubereiten willst, dann solltest Du auf die
Wasserlöslichkeit achten. Außerdem können einige
Lebensmittel mit einem hohen Gehalt an Vitamin B5
hitzelabil sein, sodass die Vitamine beim Kochen bis zu
30 Prozent verloren gehen können.

Welche Beschwerden können bei einem Mangel
an Vitamin B5 auftreten? Da Vitamin B5 in fast jedem
Lebensmittel vorkommt, kommt es selten zu einer

Mangelerscheinung. Oft kommt ein Mangel an mehreren Nährstoffen vor, sodass man an einer Blutarmut, einer sogenannten Anämie, Magenschmerzen, Erbrechen, sowie Muskel- und Kopfschmerzen leidet. Auch eine Taubheit und ein Brennen des Unterschenkels kann auf einen Vitamin-B5-Mangel hindeuten. Allgemein reagieren die Nerven unseres Körpers mit Müdigkeit, Schlafstörungen und Depressionen, falls ein Mangel an Vitamin B5 vorkommt.

Mögliche Ursachen eines Mangels an Vitamin B5 können sein: Eine chronische Lebererkrankung, Alkoholmissbrauch und extreme Diäten. Vitamin B5 kann im Übrigen auch als Nahrungsergänzungsmittel eingenommen werden. Solltest Du an Dir einen Vitaminmangel erkennen, dann hast Du die Möglichkeit, Vitamin B5 in Form von Kapseln oder Pulver zu Dir zu nehmen. Nahrungsergänzungsmittel mit Vitamin B5 finden in vielen Bereichen Anwendung. Es wird zum Beispiel bei Kindern mit Lern- und Verhaltensstörungen oder auch zur Behandlung von chronischen Entzündungen eingesetzt. Auch kann es zur Minderung von Gelenkschmerzen genutzt werden.

Mögliche Nebenwirkungen und toxische Reaktionen sind übrigens bei einer Überdosis von Vitamin B5 nicht bekannt.

VITAMIN B6 (PYRIDOXIN)

Vitamin B6 ist gut für unsere Nerven und wird auch als Pyridoxin bezeichnet. Vitamin B6 besteht nicht nur aus einem einzigen Stoff, es ist lediglich ein Sammelbegriff für mehrere Stoffe. Das Vitamin ist für die zentralen Vorgänge in unserem Körper zuständig. Es hilft dem Körper hauptsächlich, Eiweißstoffe umzuwandeln und zu integrieren. Auch für den Fettstoffwechsel ist Vitamin B6 äußerst wichtig. Demnach hilft es dem Körper, die Botenstoffe in den Nerven zu bilden, und es wirkt sich auf das Immunsystem aus. Außerdem ist Vitamin B6 für einige Hormonaktivitäten in unserem Körper verantwortlich.

Auch Vitamin B6 gehört zu den wasserlöslichen Vitaminen. Die Einwirkung von Hitze und Tageslicht kann die Intensität des Vitamins stark beeinträchtigen. Kommen wir nun zu der wichtigen Frage: In welchen Lebensmitteln kann man Vitamin B6 finden? Vitamin B6 findet man in Fleisch, besonders in Rinderfilet, Hühnerfleisch und Schweinefleisch, in Fisch, in Vollkornprodukten, in Gemüse, in Obst und in Erdnüssen.

Frauen sollten täglich maximal 1,2 Milligramm Vitamin B6 aufnehmen und Männer können 1,4 bis 1,6 Milligramm Vitamin B6 zu sich nehmen. Und was ist, wenn man zu wenig Vitamin B6 zu sich nimmt? Ein Mangel kann unter anderem dann auftreten, wenn eine chronische Verdauungsstörung, eine Arzneimittelinteraktion oder eine Alkoholabhängigkeit vorkommt. Wie erkennt man, dass man an einem Vitamin-B6-Mangel leidet? Zu wenig Vitamin B6 kann zu schuppigen Hautausschlägen im Gesicht, Entzündungen an der Lippe, Blutarmut, Durchfall und Erbrechen führen. Die Mangelerscheinungen gehen meistens dann zurück, wenn man seinem Körper Vitamin B6 zuführt.

Normalerweise erscheint eine Überdosis Vitamin B6 durch die Aufnahme von Nahrungsmitteln sehr unwahrscheinlich. Menschen, die jedoch über einen längeren Zeitraum Vitamin B6 als Nahrungsergänzungsmittel einnehmen, können an einer Nervenstörung erkranken. Auch kann eine Empfindlichkeit gegenüber Sonnenlicht Hautausschläge verursachen.

VITAMIN B7/H (BIOTIN)

Biotin ist ein wasserlösliches Vitamin aus dem Vitamin-B-Komplex. Es wird auch Vitamin B7 oder Vitamin H genannt. Im Körper hat es zahlreiche Aufgaben – unter anderem fördert es das Haarwachstum und es wirkt sich positiv auf die Haut aus. Doch auch zahlreiche Stoffwechselprozesse und das Nervensystem werden von Biotin beeinflusst.

Im Blut ist Biotin zum großen Teil an Transportstoffe (Eiweiße) gebunden. In seiner Wirkung als Coenzym aktiviert es viele verschiedene Enzyme, welche chemische Prozesse im Körper ermöglichen. Von Biotin aktivierte Enzyme, so genannte Carboxylasen, bewirken beispielsweise die Bildung von Fettsäuren, den Abbau von Aminosäuren (Aufbaumoleküle von Eiweißstoffen) sowie die Bildung von Cholesterin und Zucker (Glukose). Daneben fördert es das Wachstum von Blutzellen, Talgdrüsen, Haut, Haaren und Nervengewebe.

Wie kommt es zu einem Mangel an Biotin?

Eine verminderte Biotin-Zufuhr kann entstehen durch

• Fehlernährung

• langjährige Nierenwäsche (Dialyse)

• Alkoholismus

• verschiedene Magen-Darm-Erkrankungen (z. B. Durchfall und Kurzdarmsyndrom)

• psychische Erkrankungen (z. B. Magersucht oder Bulimie)

Mangelerscheinungen, die durch falsche Ernährung ausgelöst werden, zeigen sich in Form von Hautveränderungen, Haarausfall, Müdigkeit, Übelkeit, Muskelschmerzen, Gefühlsstörungen, Appetitlosigkeit und einer Verminderung der Konzentration des Blutfarbstoffes (Hämoglobin) im Blut.

Welche Lebensmittel enthalten Biotin?

- Leber
- Sojabohnen
- Eigelb
- Pilze
- Hülsenfrüchte
- Nüsse
- Getreide

Zusätzlich wird Biotin von bestimmten Darmbakterien produziert. Wie viel Bakterien-Biotin vom Körper aufgenommen werden kann, ist derzeit noch unklar.

VITAMIN B9 (FOLSÄURE)

Folsäure gehört zur Gruppe der B-Vitamine. Sie spielt unter anderem eine wichtige Rolle für Wachstum und Entwicklung. Darum ist Folsäure besonders wichtig in der Schwangerschaft: Wenn die werdende Mutter nicht ausreichend mit Folsäure versorgt ist, kann die Entwicklung des Embryos gestört und das zentrale Nervensystem geschädigt werden. Man spricht hier auch von einem Neuralrohrdefekt beim Kind, der schwere Fehlbildungen von Wirbelsäule, Rückenmark und Gehirn zur Folge hat.

Folsäure ist wichtig für;

• das Wachstum und die Vermehrung von Zellen
• die Bildung von Erythrozyten und Leukozyten (rote und weiße Blutkörperchen)
• den Aminosäure-, Nukleinsäure- und Phospholipid-stoffwechsel
• den Homocysteinstoffwechsel

Homocystein, eine Aminosäure, ist vor allem in Fleisch und Milchprodukten enthalten und stellt einen Risiko-faktor für Atherosklerose und koronare Herzerkran-kungen dar. Homocystein wird normalerweise rasch abgebaut, wobei Vitamin B6, B12 und Folsäure maß-geblich als Co-Faktoren beteiligt sind.

Schwangere haben einen um 50 % erhöhten Bedarf an Folsäure. Der Nährstoff ist für Zellteilung und Wachstum des ungeborenen Kindes von Anfang an unentbehrlich. Frauen mit Kinderwunsch wird daher schon vor der Empfängnis und in den ersten zwölf Schwangerschaftswochen empfohlen, zusätzlich zu einer folatreichen Ernährung täglich mindestens 400 μg Folsäure/Folat (in Tablettenform) einzunehmen.

Zur Auswahl stehen Monopräparate, die nur Folsäure enthalten, sowie häufig Kombinationspräparate mit den Vitaminen B6 und B12; aber auch weitere Vitamine und Mineralstoffe (z. B. Jod) können den Präparaten zugesetzt sein. Der Zusatz von Vitamin B6 und B12 zu den Folsäurepräparaten ist darauf zurückzuführen, dass der Bedarf auch bei diesen Nährstoffen in der Schwangerschaft und in der Stillzeit erhöht ist. Zugleich ist Vitamin B12 essenziell, damit Folsäure im Körper in seine aktive Form überführt werden kann.

Übrigens wirkt Folsäure auch bei Männern. Männer, die ausreichend Folsäure zu sich nehmen, haben eine deutlich bessere Spermaqualität und weisen weniger missgebildete Spermien auf als Männer, die zu wenig Folsäure zu sich nehmen.

Der Folsäurewert kann zu niedrig sein bei:

• Alkoholismus
• Einnahme bestimmter Arzneimittel (Zytostatika, Antiepileptika, Malariamittel)

- Lebererkrankungen
- Malabsorptionssyndromen (Zöliakie, Morbus Crohn, Colitis ulcerosa)
- Infektionserkrankungen
- Fehl- und Mangelernährung
- während der Wachstumsphase
- Tumoren
- Dialyse
- Frühgeburten
- Mehrlingsschwangerschaften
- Einnahme der Antibabypille
- wenn der erhöhte Bedarf während Schwangerschaft und Stillzeit nicht gedeckt wird

Folgende Faktoren können für einen überhöhten Folsäurewert sorgen:

- zu hohe Dosierung von Folsäure- und Multivitamin-präparaten
- Einnahme von Metformin (Antidiabetikum)
- bei Vitamin-B12-Mangel.

Schäden durch Überdosierung sind nicht bekannt. Große Dosen an Folsäure können aber einen Mangel an Vitamin B12 überdecken.

Diese Lebensmittel enthalten reichlich Folsäure

• Rinder- / Schweineleber: 108 µg-Folsäureäquivalent / 100 g

• Eidotter: 127 µg-Folsäureäquivalent / 100 g

• Weizenkeime: 271 µg-Folsäureäquivalent / 100 g

• Weizenkleie: 159 µg-Folsäureäquivalent / 100 g

• Weizenvollkornmehl: 40 µg-Folsäureäquivalent / 100 g

• Roggenvollkornmehl: 43 µg-Folsäureäquivalent / 100 g

• Linsen: 181 µg-Folsäureäquivalent / 100 g

• Spinat: 134 µg-Folsäureäquivalent / 100 g

• Brokkoli: 103 µg-Folsäureäquivalent / 100 g

• Endiviensalat: 116 µg-Folsäureäquivalent / 100 g

• Grünkohl: 187 µg-Folsäureäquivalent / 100 g

• Rote Rüben: 74 µg-Folsäureäquivalent / 100 g

• Walnüsse: 55 µg-Folsäureäquivalent / 100 g

• Camembert 40% F. i. Tr.: 85 µg-Folsäureäquivalent / 100 g

Da bestimmte Lebensmittelinhaltsstoffe (z. B. Ballaststoffe) die Aufnahme von Folaten aus einer gemischten Kost vermindern können, wird die mittlere

Bioverfügbarkeit von Nahrungsfolaten aus gemischter Kost bei 50 % angesetzt.

Das bedeutet, dass nur 50 % der ursprünglichen Menge an Folsäure wirklich vom Körper aufgenommen werden können. Die Angaben über fördernde und hemmende Einflüsse von Lebensmittelinhaltsstoffen auf die Folsäureversorgung sind uneinheitlich. Ascorbinsäure (Vitamin C) soll zum Beispiel durch seine schützende Wirkung auf die Folsäurestabilität deren Bioverfügbarkeit verbessern.

VITAMIN B12 (COBALAMIN)

Vitamin B12 kommt vor allem in tierischen Lebensmitteln vor. Es wird im Dünndarm aufgenommen, wozu ein spezielles Eiweiß notwendig ist, der sogenannte Intrinsic-Faktor. Vom Darm aus wird Vitamin B12 ins Blut transportiert. Die Leber kann beträchtliche Mengen an Vitamin B12 speichern, sofern sie gesund ist. Der menschliche Körper kann Vitamin B12 für mehrere Jahre speichern.

Der Tagesbedarf an Vitamin B12 liegt bei drei Mikrogramm.

Vitamin B12 ist notwendig für:

- Die Produktion von roten Blutkörperchen
- Die Funktion von Nervenzellen
- Den Fett-, Kohlenhydrat- und Nukleinsäurestoffwechsel.

In welchen Fällen ist der Vitamin-B12-Wert zu niedrig?

- Bei fleischloser Ernährung
- Bei falscher Ernährung
- Bei schwerer chronischer Leberentzündung (Hepatitis)
- Bei einer Nierenentzündung
- Bei Aufnahmestörungen aus dem Darm, z. B. chronischen Entzündungen des Darms wie Morbus Crohn oder Sprue
- Nach der operativen Entfernung eines Teils des Dünndarms
- Bei Mangel an Intrinsic-Faktor, der zur Aufnahme von Vitamin B12 unbedingt notwendig ist

Lebensmittel, die viel Vitamin B12 enthalten sind:

- Eier
- Rindfleisch

- Austern
- Käse
- Hackfleisch
- Innereien

VITAMIN C (ASCORBINSÄURE)

Vitamin C ist wohl das erste Vitamin, das die Wissenschaft entdeckt hat. Chemisch gesehen handelt es sich um Ascorbinsäure. Vitamin C ist unter anderem in Zitrusfrüchten und Kiwis in größeren Mengen enthalten. Ascorbinsäure wird auch seitens der Lebensmittelindustrie als Antioxidationsmittel verwendet, so dass heute sehr vielen Getränken und Lebensmitteln geringe Mengen synthetisches Vitamin C zugesetzt werden.

Die Entdeckung des Vitamins C ist eng mit der Geschichte der Seefahrt verbunden. Viele Jahrhunderte lang trat bei Seefahrern die gefürchtete Krankheit Skorbut auf, die durch Vitamin C-Mangel verursacht wurde. Die Matrosen bekamen früher kein Obst und Gemüse, weil man keine verderblichen Lebensmittel auf den langsamen Segelschiffen mitführen konnte. Die Männer ernährten sich also hauptsächlich von haltbarem Schiffszwieback und gepökeltem Fleisch und erhielten so kaum Vitamin C. Skorbut ist eine typische Mangelerkrankung.

Skorbut kann schließlich zum Tod durch Herzschwäche führen. Mitte des 18. Jahrhunderts fanden britische Wissenschaftler heraus, dass der Saft von Zitrusfrüchten helfen kann, die Bildung von Skorbut zu verhindern, aber es dauerte nochmal fast vierzig Jahre, bis die britische Marine diesen Erkenntnissen Taten folgen ließ. Das eigentliche Vitamin C in Form der L+-Ascorbinsäure wurde erst 1921 in reiner Form isoliert. Es dauerte bis 1934, bis zum ersten Mal synthetisches Vitamin C hergestellt wurde. Der Pharmakonzern Roche nahm in der Schweiz die Produktion von synthetischem Vitamin C auf.

Wie viel Vitamin C braucht der Mensch?

Der Tagesbedarf liegt nach Angaben der Deutschen Gesellschaft für Ernährung (DGE) bei 100 mg/Tag. Um das Auftreten von Skorbut-Symptomen zu vermeiden, reichen schon 20 mg/Tag. Es gibt allerdings sehr kontroverse Meinungen und es gibt Empfehlungen, die wesentlich höher liegen als die Empfehlung der DGE. Bei einer abwechslungsreichen Ernährung mit viel Obst und Gemüse sollte es zu keinem Vitamin C-Mangel kommen. Vitamin C ist in allen Zitrusfrüchten enthalten, aber auch in Kohl. Besonders Vitamin C-haltig ist

Grünkohl, der somit eine besonders ergiebige Vitamin C-Quelle in der kalten Jahreszeit darstellt. Auch Kiwis enthalten große Mengen Vitamin C.

Symptome bei Vitamin-C-Mangel:
• Zahnfleischbluten und später Zahnausfall
• Anfälligkeit gegen Infektionskrankheiten
• Erschöpfung und Müdigkeit
• schlechte Heilung von Wunden
• Hautprobleme und Hautentzündungen sowie Hautblutungen
• Muskelschwund
• Knochenschmerzen durch Blutungen unter der Knochenhaut (subperiostal), hierdurch teilweise Hinken, Schonhaltung, Bewegungseinschränkung
• Gelenkentzündungen
• hohes Fieber
• starker Durchfall
• plötzlicher Schwindel

Überdosierung
Eine Überdosierung von Vitamin C hat meist keine großen gesundheitlichen Folgen, da überschüssiges Vitamin C mit dem Urin ausgeschieden wird. Allerdings kann eine ständige Überdosierung über einen längeren Zeitraum die Bildung von Nierensteinen begünstigen.

VITAMIN D (CALCIFEROLE)

Vitamin D ist ein fettlösliches Vitamin. Es ist lebenswichtig, um den Calciumhaushalt zu regulieren. Ein Mangel an Vitamin D führt dazu, dass die Knochen nicht richtig hart werden. Eine typische Mangelerkrankung ist Rachitis.

Vitamin D ist in den meisten Nahrungsmitteln nur in sehr geringen Mengen enthalten. Die wichtigste Quelle für natürlich vorkommendes Vitamin D in der Nahrung ist fetter Seefisch. Lebertran enthält besonders viel Vitamin D, weshalb er früher gerne kleinen Kindern zur Vorbeugung von Rachitis verabreicht wurde. Die zweite wichtige Vitamin D-Quelle ist Sonnenstrahlung. Der menschliche Körper ist dazu in der Lage, unter Einwirkung von UV-Strahlung in der Haut Vitamin D selbst herzustellen.

Die meisten Menschen halten sich allerdings tagsüber in geschlossenen Räumen auf. In den weiter nördlich und weiter südlich gelegenen Regionen der Erdkugel scheint die Sonne während des Winterhalbjahres außerdem mit geringer Intensität und verkürzter Dauer, so dass es hier leichter zu Vitamin D-Mangel kommen kann. Es gibt Ärzte, die davon ausgehen, dass nach den Wintermonaten mehr als die Hälfte aller Deutschen unter einem Vitamin D-Mangel leidet.

Wie viel Vitamin D braucht der Mensch?

Wie bei Vitamin C sind auch bei Vitamin D die Dosierungsempfehlungen unter Ernährungsfachleuten und Ärzten umstritten.

Typische Symptome bei Vitamin-D-Mangel

Die typischste Mangelerscheinung bei chronischem Vitamin D-Mangel ist Rachitis bei Kindern und Knochenerweichung bei Erwachsenen. Außerdem scheint Vitamin D-Mangel das Risiko folgender Erkrankungen zu steigern:

• Osteopenie und Osteoporose
• Vitamin D-Mangel erhöht bei alten Menschen die Sturzwahrscheinlichkeit
• Allgemein erhöhte Sterblichkeit
• Demenz und Parkinson-Krankheit
• Hirnleistungsstörung
• Schlafstörungen wie obstruktives Schlaf-Apnoe-Syndrom, verlängertes Einschlafen und Tagesmüdigkeit

Symptome bei Überdosierung

Bei Vitamin D ist es möglich, sich durch eine Überdosierung gesundheitliche Schäden zuzuziehen. So führt zu viel Vitamin D dazu, dass der Körper zu viel

Calcium aufnimmt. Das kann zu Kalkablagerungen in Gefäßen und Organen führen sowie Bluthochdruck und Herzrhythmusstörungen hervorrufen. Allerdings muss es dafür zu einer längerfristigen Überdosierung kommen. Du kannst wesentlich größere Mengen als die empfohlene Tagesdosis Vitamin D zu Dir nehmen, wenn Du bei einem erwiesenen Vitamin D-Mangel Deine körpereigenen Vitamin-Speicher wieder auffüllen willst.

Symptome einer kurzfristigen starken Überdosierung:
- Erbrechen
- Müdigkeit und Schwäche
- Kopfschmerzen
- Übelkeit
- starker Durst
- Appetitlosigkeit
- Herzrhythmusstörungen

In der Praxis ist dies aber nur bei grober Überdosierung von Vitamin D-Präparaten zu erwarten.

VITAMIN E (TOCAPHEROL)

Vitamin E gehört im Gegensatz zu den anderen Vitaminen nicht zu den wasserlöslichen Vitaminen. Vitamin E gehört dementsprechend zu den fettlöslichen Vitaminen, weshalb man es besonders in Hautcremes wiederfindet. Die bekannteste Form des Vitamins E ist das Alpha-Tocopherol, es wird über das Nahrungsfett aufgenommen. Außerdem schützt Vitamin E die Zellen unseres Körpers und bewahrt diese vor schädlichen, äußeren Einflüssen. Viele Kosmetiker und Dermatologen fügen ihren Cremes deshalb auch Vitamin E hinzu, da es die Haut pflegen soll.

In welchen Nahrungsmitteln ist Vitamin E zu finden? Besonders in pflanzlichen Ölen kann man Vitamin E finden. Du kannst einfach ein paar Nüsse, Samen, Butter und Eier essen, um Deinen Vitaminhaushalt aufzufüllen. Zwar sind die Mengen in diesen Lebensmitteln sehr gering, aber schaden wirst Du Deinem Körper damit sicherlich nicht.

Wie viel Vitamin E sollte ein Mensch am Tag zu sich nehmen? Der Tagesbedarf für Frauen liegt bei ungefähr 11 bis 12 Milligramm, während Schwangere bis zu 13 Milligramm und Stillende bis zu 17 Milligramm zu sich nehmen sollten. Männer sollten höchstens 12 bis 15 Milligramm Vitamin E am Tag zu sich nehmen. Wie kannst Du nun Deinen Tagesbedarf am besten decken? Bereite eine Mahlzeit einfach mit 20 Gramm Sonnenblumenöl zu und schon hast Du Dein Tagesbedarf erreicht. Allerdings solltest Du darauf achten, dass Deine Ernährung abwechslungsreich und ausgewogen ist. Um das Vitamin E zu verarbeiten, benötigt unser Körper nämlich gleichzeitig ausreichend Fett.

Wenn Du Dich gesund und ausgewogen ernährst, dann wirst Du auf keinen Fall an einem Vitamin E-Mangel leiden. Menschen, die sich über einen sehr langen Zeitraum einseitig oder sehr fettarm ernähren, könnten hingegen einen Vitamin E-Mangel bekommen. Auch können chronische Erkrankungen, wie zum Beispiel Zöliakie, chronische Bauchspeicheldrüsenentzündung oder ein Kurzdarmsyndrom, für einen Vitamin E-Mangel verantwortlich sein. Wie macht sich ein Mangel an Vitamin E bemerkbar? Sollte tatsächlich ein Mangel an Vitamin E vorliegen, dann kann eine Störung der Muskel- und Nervenfunktionen eintreten. Eine Überdosis von Vitamin E kann entstehen, wenn Du über einen sehr langen Zeitraum ein bestimmtes Nahrungsergänzungsmittel mit einem sehr hohen Vitamin E-Wert zu Dir nimmst. Über die Nahrung kann eine Überdosierung eher nicht passieren. Vorsichtig sollten die Menschen mit einer Überdosierung sein, wenn sie an einer Blutgerinnungsstörung leiden. Vitamin E kann nämlich das Blutungsrisiko steigern und das würde unter anderem Magen-Darm-Probleme mit sich bringen. Wenn Du Dich jedoch an den Tagesbedarf hältst, dann kannst Du Dich auf einen vollkommen ausgewogenen Körper freuen.

VITAMIN K (PHYLLOCHINON)

Auch Vitamin K gehört zu den fettlöslichen Vitaminen und ist für die Blutgerinnung verantwortlich. Vitamin K findet man besonders in grünem Blattgemüse, wie zum Beispiel Salat, Spinat und Kohl. Doch auch in anderen Lebensmitteln kann man Vitamin K finden, wie zum Beispiel in Hülsenfrüchten. Unser Körper ist jedoch auch in der Lage, selbst Vitamin K herzustellen. Die Herstellung von Vitamin K können die Bakterien in unserem Darm übernehmen. Wie genau die Bakterien das jedoch erledigen, ist bis heute noch nicht geklärt. Aus diesem Grund gehen Ernährungswissenschaftler davon aus, dass das eigens produzierte Vitamin K kaum eine Rolle für die Versorgung unseres Körpers spielt. Kleine Babys bekommen das Vitamin K über die Muttermilch. Allerdings ist das Vitamin nur in einer sehr geringen Menge in der Muttermilch enthalten, sodass die Babys während der ersten Vorsorgeuntersuchungen zusätzlich Vitamin K verabreicht bekommen.

Mineralstoffe

M ineralstoffe sind anorganische Stoffe, die im menschlichen Körper in größeren Mengen benötigt werden. So bestehen zum Beispiel die menschlichen Knochen zu großen Teilen aus Calcium und Phosphor

NATRIUM (NA)

Natrium ist allgegenwärtig. Es kommt in der Natur in gewaltigen Mengen in Form von Kochsalz vor.

KALIUM (K)

Alle Zellen unseres Körpers benötigen Kalium. Ohne Kalium kann unser Körper nicht funktionieren. Besonders unsere Muskeln und unsere Nerven benötigen jede Menge Kalium. Kalium ist unter anderem für den Flüssigkeitsgehalt in unseren Zellen verantwortlich, jedoch hat der Elektrolyt auch zahlreiche andere Stoffwechselaufgaben. Bezüglich der Nerven ist Kalium für die Weiterleitung der Reize zuständig. In der Muskulatur sorgt Kalium für die Steuerung der Kontraktionen. Kalium gelangt nur über die Nahrung in unseren Organismus und wird im Anschluss über die Niere wieder ausgeschieden.

Ist der Kaliumgehalt im Körper zu niedrig, kann es für den betroffenen Menschen sehr gefährlich werden. Der Kaliumwert ist oft dann zu niedrig, wenn man an Durchfall oder Erbrechen leidet oder man über einen längeren Zeitraum Abführmittel einnimmt, denn dann verliert unser Körper sehr viel Flüssigkeit. Sollten die Nieren nicht mehr richtig funktionieren oder eine Tumorerkrankung liegt vor, dann kann der Kaliumhaushalt sogar zu hoch sein. Allerdings kann auch eine Überdosis gefährlich werden, weshalb auch das sofort behandelt werden sollte. Die ersten Symptome einer

Überdosis oder einem zu niedrigen Wert zeigen sich meistens erst dann, wenn der Wert abrupt steigt oder sinkt.

MAGNESIUM (MG)

Magnesium ist ein wichtiger Mineralstoff, bei dem es relativ leicht zu Mangelerscheinungen kommen kann. Besonders bei Diabetes und hohem Alkoholkonsum, aber auch bei Rauchern, Sportlern und Schwangeren gibt es einen erhöhten Bedarf an Magnesium. Magnesium erfüllt eine wichtige Funktion im Körper, denn es sorgt dafür, dass Muskeln sich entspannen können. Das gilt auch für die Arterien, so dass Magnesium auch eine wichtige Funktion beim Regulieren des Blutdrucks hat. Magnesium spielt auch eine Rolle Im Zusammenhang mit Vitamin D und Vitamin K2 und ist notwendig, damit diese beiden Vitamine vom Körper einwandfrei verarbeitet werden können. Über sogenannte Enzyme, das sind Stoffe, die im Körper chemische Vorgänge in Gang setzen, ist Magnesium auch an der Zuckergewinnung, an der Zellatmung und am Kalziumstoffwechsel beteiligt.

Im Körper eines etwa 70 Kilogramm schweren Menschen sind um die 21 Gramm Magnesium enthalten.

Magnesium sorgt dafür, dass viele Stoffwechselreaktionen in den Zellen wie vorgesehen ablaufen können. Besonders für den Stoffwechsel der Kohlenhydrate hat Magnesium große Bedeutung.

Der Tagesbedarf an Magnesium liegt ungefähr bei 0,4 bis 0,5 g.

Die Höhe des Magnesiumspiegels im Blut interessiert bei Muskelkrämpfen, bei Magen-Darm- und bei Herzbeschwerden. Bei dauerhafter Einnahme von Wassertabletten, von nierenschädigenden Medikamenten und bei Alkoholentzug empfehlen sich regelmäßige Kontrollen.

Ursachen für einen Magnesiummangel sind:
Ungenügende Zufuhr:

• durch schweren Alkoholismus

• lang dauernde Unterernährung

• massive Resorptionsstörungen im Magen-Darm-Trakt

Verluste durch den Magen-Darm-Trakt:

• durch chronisches Erbrechen und chronische Durch-
fallerkrankungen

**Verluste durch die Niere und hormonelle Störun-
gen:**

• durch die Einnahme von Diuretika

• bei Zuckerkrankheit

• bei Schilddrüsenüberfunktion

• bei Störungen der Nebenschilddrüse

• bei Überproduktion von Aldosteron

**Typische Symptome eines bestehenden Magnesi-
ummangels sind:**

• Muskelzuckungen

• Muskelzittern

• Muskelkrämpfe

• Herzrasen (ähnlich wie bei Kalziummangel)

• Müdigkeit

• Nervosität

• Appetitlosigkeit

Zu wenig Magnesium im Blut führt dazu, dass das Nervensystem leichter erregbar ist, die peripheren

Blutsysteme können sich erweitern. Ein schwerer Magnesiummangel kann im schlimmsten Fall sogar Herzrhythmusstörungen auslösen.

Es findet sich viel Magnesium in folgenden Lebensmitteln:

- Mandeln
- Hülsenfrüchte
- Kürbiskerne
- Leinsamen
- Gemüse
- Vollkornprodukte

SCHWEFEL(S)

Schwefel wird in der Kosmetik hauptsächlich zur Therapie von Akne und anderen Hautkrankheiten genutzt. Auch rheumatische Erkrankungen können mit Schwefel behandelt werden. Reinen Schwefel bekommst Du in jeder Apotheke und Drogerie. Schwefel ist für unseren Körper äußerst wichtig. Allerdings kann unser Körper Schwefel nicht selbst herstellen. Die meisten Menschen wissen gar nicht um die große Bedeutung von Schwefel für unseren Körper. Doch tatsächlich kann man sagen, dass der Körper des Menschen zu 0,2

Prozent aus Schwefel besteht. Besonders viel Schwefel findet man in unseren Haaren und Nägeln.

Schwefel ist ein wichtiger Grundstein zahlreicher Aminosäuren und deswegen an vielen Stoffwechselvorgängen in unserem Körper beteiligt. Die Aminosäuren, die Schwefel enthalten, sind besonders wichtig für den Gelenkknorpel, für gesunde Sehnen und Bänder, für die Muskeln und natürlich auch für starke Knochen. Unser ganzer Bewegungsapparat hängt vom Schwefel ab.

Welche Nahrungsmittel solltest Du nun zu Dir nehmen, damit Dein Körper über ausreichend Schwefel verfügt? Besonders die proteinreichen Lebensmittel, wie Eier, Milch, Quark, Käse und Joghurt, beinhalten jede Menge Schwefel. Doch auch in Fisch und Fleisch sowie in Nüssen, Knoblauch, Raps und Bärlauch steckt viel Schwefel. Im Grunde genommen steckt in fast allen Lebensmitteln, die wir täglich zu uns nehmen, Schwefel. Solltest Du unter Arthrose leiden, dann musst Du vermutlich eine höhere Dosis in Form von Nahrungsergänzungsmitteln zu Dir nehmen. Du brauchst Dir im Übrigen keine Gedanken zu machen, dass der Körper reinen Schwefel nicht verträgt, denn was der Körper nicht benötigt, scheidet er einfach wieder aus.

CHLORID (CL)

Chlorid ist neben Kalium auch ein Elektrolyt, welches an fast allen Funktionen unseres Körpers beteiligt ist. Chlorid kann man über die Nahrung aufnehmen. Wurde es im Körper genutzt, wird es im Anschluss über die Niere wieder ausgeschieden. Wofür ist Chlorid genau zuständig? Chlorid ist für den Wasserhaushalt, die Nervenleitung und den Herzrhythmus zuständig. Zudem ist es für die Regulation des Säure-Basen-Haushaltes verantwortlich.

Solltest Du mal krank sein und unter lang andauerndem Erbrechen leiden, dann kann der Chloridspiegel im Körper zu niedrig sein. Allerdings können auch Menschen mit Magensonde oder Menschen, die bestimmte harntreibende Medikamente einnehmen sowie an einer Stoffwechselerkrankung leiden, einen zu niedrigen Chloridspiegel haben. Sollten einmal die Nieren versagen, eine gesteigerte Atmung auftreten oder Du nimmst chloridhaltige Medikamente ein, kann der Chloridspiegel erhöht sein.

PHOSPHOR (P)

Phosphor ist zusammen mit Kalium für die Festigkeit der Knochen und Zähne zuständig. Phosphor ist ein Mineralstoff, welcher über die Nahrung aufgenommen wird. Doch Phosphor hat auch noch andere Aufgaben in unserem Körper. Phosphor ist zudem für die Energiegewinnung und für den Aufbau der Zellwände äußerst wichtig. Auch bei der Energiespeicherung und der Energiebereitstellung darf Phosphor nicht fehlen.

Ernährungswissenschaftler raten zu einer Tagesdosis von 700 Milligramm. Diese Tagesdosis kann man bequem über die tägliche Nahrung aufnehmen. Du musst also keine zusätzlichen Nahrungsergänzungsmittel nehmen. Phosphor findet sich zum Beispiel in Weizenkleie, Sojabohnen, Gouda, Linsen, weißen Bohnen, Schweinebraten, Joghurt und in Kohlrabi. Phosphor findet man in fast allen Lebensmitteln, allerdings ist der Gehalt in proteinreichen Lebensmitteln besonders hoch.

Eine Mangelerscheinung ist heutzutage kaum noch möglich, da Phosphor in fast jedem Lebensmittel zu finden ist. Solltest Du Dich gesund ernähren, dann dürfte ein Mangel an Phosphor auf keinen Fall eintreten. Leidest Du jedoch an einer Störung der

Nierenfunktion, an einer Überfunktion der Nebenschilddrüse oder an einem Vitamin D-Mangel, dann
kann es passieren, dass Mangelerscheinungen auftreten. Kommt es sogar so weit, dass der Phosphorspiegel
im Blut unter einen bestimmten Wert fällt, kann eine
Knochenerweichung entstehen.

Sollte der Körper zu viel Phosphor aufweisen,
scheidet er den überflüssigen Phosphor normalerweise
über den Urin aus. Eine Überdosis kann entstehen,
wenn eine Nierenfunktionsstörung aufkommt.

Spurenelemente

Als Spurenelemente werden essentielle anorganische Nährstoffe genannt. Unser Körper ist nämlich nicht in der Lage, die Spurenelemente selbst herzustellen, deshalb muss man sie dem Körper über die Nahrung zuführen. Die wichtigsten Spurenelemente sind Chrom, Cobalt, Eisen, Fluor, Jod, Kupfer, Selen, Zink und Mangan. Allerdings gibt es auch noch die nicht-essentiellen Spurenelemente, die für den Körper nicht lebensnotwendig sind. Zu den nicht-lebensnotwendigen Spurenelementen gehören zum Beispiel Aluminium, Bismut, Brom und Barium. Die lebenswichtigen Spurenelemente übernehmen in unserem Körper wichtige Aufgaben, vor allem aber sind sie wichtige Bestandteile von Enzymen und Hormonen.

EISEN

Eisen ist wichtig für den Stoffwechsel, ein Mangel führt zu einer Anämie; nicht nur der Gehalt in Lebensmitteln ist wichtig, auch die Nahrungskombination ist elementar, da z. B. Eisen aus Fleisch schneller und besser resorbiert wird als aus Pflanzen. Eine zu hohe Zufuhr limitiert das Bakterienwachstum und hat negative Auswirkungen auf den Dickdarm. Verbessert wird die Aufnahme durch eine gleichzeitige Zuführung von Vitamin C, verschlechtert u. a. durch Gerbsäuren (Schwarztee, Kaffee).

Der Tagesbedarf von Erwachsenen liegt zwischen 10 bis 18 mg.

Zu niedrige Eisenwerte können auftreten bei:

- Blutungen
- Tumorleiden
- Chronischen Entzündungen
- Schwangerschaft
- Menstruation

- Angeborenen Erkrankungen wie Morbus Crohn, Sprue
- Nierenfunktionsstörungen

Ein schwerer Eisenmangel äußert sich im Auftreten einer Blutarmut (Anämie). Weitere Mangelsymptome sind Müdigkeit, Kopfschmerzen, verminderte Leistungsfähigkeit sowie Wachstumsstörungen der Haut und der Hautanhangsgebilde (Nägel, Haare).

Bei zu hohem Eisenkonsum kann es zu Leberkrebs oder Arteriosklerose kommen. Vor allem Frauen sind häufig vom Eisenmangel betroffen, was auf den monatlichen Blutverlust während der Menstruation und eine fleischarme Ernährung zurückgeführt werden kann.

Diese Lebensmittel versorgen Dich mit reichlich Eisen und sorgen dafür, dass Du nicht unter Eisenmangel leidest:

- Fleisch
- Fisch
- Leber
- Eigelb
- grünes Blattgemüse
- Vollkorngetreide

- Sojaprodukte

- Nüsse

- Aprikosen

Eisen wird übrigens im Körper gespeichert und kaum abgebaut, wenn es nicht zu größerem Blutverlust kommt, z. B. bei der Periode. Du solltest daher nicht auf eigene Faust Eisenpräparate einnehmen. Eisen als Nahrungsergänzungsmittel sollte nur in Absprache mit dem Hausarzt nach einer eindeutigen Blutuntersuchung eingenommen werden! Eine Überdosierung von Eisen ist gesundheitsschädlich.

ZINK

Von Zink hat wohl jeder schon mal was gehört. Am bekanntesten ist wohl seine aktivierende Wirkung auf das Immunsystem. Deswegen wird Zink auch so gerne zusammen mit Vitamin C als Nahrungsergänzungsmittel angeboten. Zink ist aber auch sonst wichtig, um gesund und fit zu bleiben. Der Mensch brauch 7 bis 10 Milligramm Zink pro Tag. Zink ist nicht nur für das Immunsystem wichtig, sondern auch für unser Gehirn. Wenn zu wenig Zink aufgenommen wird, hat das deutliche Auswirkungen auf unsere kognitiven Fähigkeiten.

Stoffwechsel, Zellteilung, Knochenbau, Hormonproduktion, Wundheilung, Haare und Nägel: Zink wird praktisch überall im Körper gebraucht. Demzufolge wirkt sich Zinkmangel auch fast überall im Körper aus: Typische Symptome von Zinkmangel sind zum Beispiel Müdigkeit, mangelnde Konzentrationsfähigkeit, Gedächtnisprobleme, Antriebslosigkeit, Erschöpfung, depressive Verstimmungen, brüchige Nägel und Haarausfall. Einseitige Ernährung, extremer Leistungssport oder auch lange andauernder übermäßiger Stress können zu einem Zinkmangel führen. Soweit solltest Du es auf gar keinen Fall kommen lassen, dazu ist die Versorgung mit Zink zu wichtig.

Du findest Zink in folgenden Lebensmitteln in größerer Menge:

- Fleisch (Innereien)
- Fisch
- Vollkorngetreide
- grünes Blattgemüse
- Bohnen
- Eier

Zink soll sich besonders bei Erkältungskrankheiten positiv auf das Immunsystem auswirken. Die bekannte Wirkung von heißer Hühnerbrühe gegen Erkältungskrankheiten soll maßgeblich mit ihrem hohen Gehalt an Zink zu tun haben.

KUPFER

Wir brauchen nicht viel davon, aber wir brauchen es: Kupfer. Kupfer wird vom Immunsystem ebenso gebraucht wie von unseren Zellen . Ohne ein bisschen Kupfer funktioniert unser Körper nicht rund. Auch Haut und Haare wollen mit ein wenig Kupfer versorgt werden. Kupfer ist vor allem für den Transport von Eisen im Organismus von Bedeutung. Pro Tag reichen bescheidene 1 bis 1,5 Milligramm des roten Metalls, um eine ausreichende Versorgung sicherzustellen. Da viele Hauswasserleitungen aus Kupfer bestehen und auch viele Lebensmittel ausreichend Kupfer enthalten, musst Du Dir wegen einer Mangelversorgung an Kupfer eigentlich keine großen Gedanken machen. Kupfer wird leicht vom Körper aufgenommen. In großen Mengen wirkt es übrigens giftig. Kupfersalze werden im Ökolandbau gerne als Fungizid angewendet. Das Kupfer reichert sich dabei allerdings langsam im Boden an.

Folgende Nahrungsmittel enthalten verhältnismäßig viel Kupfer:

- Leber
- Fisch
- Schalentiere
- Nüsse
- grünes Blattgemüse (Spinat, Salat, Grünkohl, Mangold)
- Pilze
- Erbsen

MANGAN

Wie Du eben bereits erfahren hast, gehört Mangan zu den lebenswichtigen Spurenelementen. Über die Nahrung können wir Mangan in unseren Körper aufnehmen. Die Leber verarbeitet das Spurenelement, sodass es im Anschluss in den Knochen, den Nebennieren und in der Bauchspeicheldrüse gelagert werden kann. Welche Funktionen hat Mangan in unserem Körper? Mangan ist wichtiger Bestandteil mehrerer Enzyme, sodass das Spurenelement an der Glucosebildung, an der Harnstoffsynthese, am Zellschutz, beim

Knochenaufbau und beim Kohlenhydrat- und Knorpelstoffwechsel beteiligt ist.

Welche Lebensmittel liefern uns das wichtige Spurenelement? Vor allem pflanzliche Lebensmittel enthalten sehr viel Mangan. Haferflocken, Teeblätter, Kichererbsen, Bohnen, Spinat, Grünkohl und noch viele andere Lebensmittel enthalten das Spurenelement Mangan.

Was passiert, wenn man kein oder zu wenig Mangan über die Nahrung aufnimmt? Falls kein Mangan über die Nahrung aufgenommen werden kann, weil man intravenös ernährt wird, kann es zu einer Gewichtsabnahme, einem niedrigen Cholesterinspiegel und entzündlichen Hautreaktionen kommen. Auch eine Überversorgung kann natürlich vorkommen. Oft erfolgt eine Überdosis durch die Aufnahme von Nahrungsergänzungsmitteln oder über manganreiches Trinkwasser. Wie erkennt man eine erhöhte Manganaufnahme? Allgemeine Schwäche, Appetitlosigkeit, Sprach- und Schlafstörungen sowie Muskelschmerzen können Symptome einer Manganüberdosis sein. Besonders das Zusammenspiel von Mangan und Eisen kann gefährlich sein, da es zu einer Manganvergiftung mit Nervenschädigung kommen kann.

JOD

Fast jeder weiß wohl, dass Jod wichtig ist, damit die Schilddrüse einwandfrei funktioniert. Ohne Jod können wichtige Schilddrüsenhormone nicht produziert werden. Jod ist aber nicht nur für die Schilddrüse wichtig. Auch die kognitive Leistung und das allgemeine Energielevel wird durch Jod beeinflusst und leidet, wenn nicht genügend Jod aufgenommen wird. Auch das Nervensystem braucht Jod, damit die Nervenzellen sich richtig vernetzen und ihre volle Leistungsfähigkeit entfalten können. Am bedeutendsten ist natürlich die Wirkung des Jods bei der Produktion der Schilddrüsenhormone.

Wird zu wenig Jod aufgenommen, werden auch nicht genug Schilddrüsenhormone gebildet , was zu einer Schilddrüsenunterfunktion führt. Diese macht sich durch Müdigkeit, Antriebslosigkeit, Konzentrationsschwierigkeiten und eine Neigung zu Übergewicht bemerkbar. Jodmangel kann auch dazu führen, dass die Schilddrüse sich krankhaft vergrößert, es entsteht dann ein sogenannter Kropf, eine Erkrankung, die heute nur noch selten auftritt. Jodmangel war früher in Deutschland relativ häufig, besonders in Süddeutschland.

Erwachsene bis zu einem Alter von 50 Jahren benötigen täglich 200 Mikrogramm Jod. Inzwischen ist Jodmangel selten geworden, weil das meiste in Deutschland verkaufte Speisesalz mit Jod versetzt wird, um auf diese Weise einem Jodmangel vorzubeugen.

Zu viel Jod ist übrigens auch nicht gut, weil es dann zu einer Überfunktion der Schilddrüse kommen kann, was sich unter anderem in Form von innerer Unruhe und beschleunigtem Herzschlag bemerkbar machen kann. In der Natur kommt Jod vor allem in Meerestieren vor, was kein Wunder ist, weil große Mengen Jod im Meerwasser gelöst sind. Meersalz ist darum von Natur aus reich an Jod.

Folgende Lebensmittel enthalten viel Jod:

- Seefisch
- Meerestiere
- Muscheln
- Jodsalz

FLUORIDE

Fluor als Spurenelement ist wohl am umstrittensten. Fluorgegner bestreiten, dass Fluor überhaupt für den menschlichen Körper essentiell ist. Tatsache ist, dass Fluor ein hochgiftiges Element ist und auch die meisten seiner Verbindungen giftig sind. Das trifft aber auch auf Chlor und Jod zu, die ebenfalls in Reinform giftig sind.

Die Giftigkeit von Fluor ist also nicht unbedingt ein Argument dafür, dass es nicht doch eine Bedeutung als Spurelement haben kann. Derzeit gilt Fluor noch als Spurenelement. Frauen sollen 3,2 Mikrogramm pro Tag, Männer 3,8 Mikrogramm Fluorid pro Tag zu sich nehmen. Fluor sorgt für feste Knochen und einen harten, widerstandsfähigen Zahnschmelz, solange es nicht überdosiert wird. In Überdosis wirkt Fluor giftig und die positive Auswirkung auf Knochen und Zähne verkehrt sich sogar ins Gegenteil. Es kommt dann zu einer sogenannten Fluorose. Die Zähne werden fleckig und der Zahnschmelz rau und anfällig. Fluor wird als Fluorid den meisten Zahnpasten zugesetzt. In manchen Ländern werden geringe Mengen Fluor dem Trinkwasser zugesetzt, was aber umstritten ist.

Auf natürlichem Wege eine Überdosis Fluor aufzunehmen, ist kaum möglich, mit Ausnahme einiger weniger Regionen, wo viel Fluor auf natürliche Weise im Wasser enthalten ist. Meerwasser enthält z. B. rund 1 mg Fluorid pro Liter. In Deutschland sind die Fluoridgehalte des Trinkwassers im Allgemeinen niedrig (mehr als 90 % des Trinkwassers enthalten weniger als 0,3 mg Fluorid pro Liter). Es gibt Gegenden auf der Welt mit sehr hohen Fluoridgehalten im Wasser, in Abhängigkeit von vulkanischer Tätigkeit und geologischen Besonderheiten. Trinkwasser mit Fluoridgehalten von mehr als 4 mg pro Liter haben z. B. in China und Indien zu gesundheitlichen Schäden geführt, die Knochen und Zähne betreffen.

Es gibt nur wenige Lebensmittel, die Fluor enthalten:

- Seefisch
- Speisesalz (mit Fluorid versetzt)
- Walnüsse
- Mineralwasser

SELEN

Selen wurde schon im Jahr 1817 von Berzelius entdeckt, aber erst seit 1957 weiß man, dass Selen ein lebenswichtiges Spurenelement ist. Selen ist ein Halbmetall und ist chemisch mit Phosphor und Arsen verwandt. Seine Verbindungen und das Element selbst sind in höheren Dosierungen giftig, in geringen Mengen als Spurenelement aber essentiell für den menschlichen Körper. Selen wirkt antioxidativ und hat eine zellschützende Wirkung. Es schützt die DNA vor freien Radikalen, radikalem Sauerstoff, Strahlenbelastungen und anderen toxischen und mutagenen Substanzen.

Folgende Personen können einen Mehrbedarf an Selen aufweisen:

- im Alter
- in der Schwangerschaft und Stillzeit
- bei einem geschwächten Immunsystem
- bei erhöhten Belastungen durch Schwermetalle, z. B. durch Rauchen, Amalgam
- bei gastrointestinalen Erkrankungen (durch gestörte Selenaufnahme)
- bei Diabetes mellitus
- bei Herzinfarkt und anderen Herzerkrankungen, z. B. Arteriosklerose
- bei Krebskrankheiten
- bei Erkrankungen der Bauchspeicheldrüse
- bei rheumatischen Erkrankungen
- bei Erkrankungen der Leber
- bei Augenerkrankungen, z. B. grauer Star

Die reichhaltigste Quelle für Selen überhaupt sind Paranüsse. Sie stellen jedes andere Nahrungsmittel in Sachen Selengehalt in den Schatten. Der Selengehalt der meisten anderen Nahrungsmittel ist eher gering.

MOLYBDÄN

Molybdän ist ein Schwermetall, das erst im Jahr 1778 entdeckt wurde. Erst in jüngerer Zeit spielt es eine wichtige Rolle als Bestandteil hochwertiger Stähle. Für den menschlichen Körper ist Molybdän ein unverzichtbares Spurenelement, über das aber in vielerlei Hinsicht noch keine völlige Klarheit herrscht. Molybdän regelt die Verstoffwechselung bestimmter Aminosäuren und es regelt den Harnsäurespiegel im Körper. Wahrscheinlich erleichtert es auch den Einbau von Fluoriden in den Zahnschmelz und hat über diesen Umweg eine zahnschützende Wirkung.

Molybdän ist vor allem in Hülsenfrüchten, Weizenkeimen, Vollkornprodukten und zahlreichen Küchenkräutern vorhanden. In unterschiedlicher Konzentration kommt es auch im Trinkwasser vor. Ein Mangel an Molybdän ist eher selten, kann aber bei bestimmten entzündlichen Veränderungen im Darm, wie beispielsweise Zöliakie und Morbus Crohn, vorkommen. Das Molybdän kann dann nicht mehr in ausreichender Menge vom Darm resorbiert werden.

Normalerweise wird genug Molybdän mit der Nahrung aufgenommen, so dass Mangelerscheinungen an Molybdän nur sehr selten auftreten.

Folgende Personengruppen können einen erhöhten Bedarf an Molybdän haben:

• bei einer Ernährung mit stark industriell verarbeiteter Nahrung

• bei Belastung mit Chemikalien

• bei oxidativem Stress

• bei gestörter Darmflora (Darmdysbiose)

• bei einigen Darmkrankheiten (Darmentzündungen, Morbus Crohn)

• bei hohen Harnsäure-Werten

• bei gichtähnlichen Symptomen

• bei Kupfermangel

• bei Sulfitempfindlichkeit

Eine Überdosierung von Molybdän ist selten und bei normalen Dosierungen auszuschließen. Bei Personen, die in Gießereien arbeiten, in denen molybdänhaltige Stähle verarbeitet werden, kann es zu einer Überdosierung von Molybdän kommen, das über Staub und die Haut sowie Schleimhaut aufgenommen wird. Bei Überdosierung von Molybdän können gichtartige Symptome auftreten. Bei Molybdänmangel erhöht sich wahrscheinlich die Anfälligkeit für Karies

CHROM

Chrom wurde erst Ende des 18. Jahrhunderts entdeckt. Dass das silberglänzende Schwermetall auch ein wichtiges Spurenelement im menschlichen Körper ist, hat man hingegen erst 1959 herausgefunden. Während Chrom in größeren Mengen giftig ist und viele seiner Salze ausgesprochen giftig wirken, ist es in Spuren für den menschlichen Körper ausgesprochen wichtig. Damit ist das Spurenelement wie auch Selen und Jod ein gutes Beispiel für die uralte Weisheit, dass die Dosis das Gift macht.

Im menschlichen Körper kommt Chrom vor allem in der Leber, in der Milz, im Fettgewebe und in den Knochen vor. Bis heute ist nicht in allen Einzelheiten geklärt, welche Funktionen Chrom im menschlichen Körper ausübt. Sicher ist aber, dass eine ausreichende Versorgung mit Chrom ein wichtiger Faktor für einen einwandfreien Zuckerstoffwechsel ist. Chrom spielt eine wichtige Rolle bei der Aufnahme von Zucker in die Zellen und wirkt damit der Insulinresistenz entgegen, die der Auslöser für das Entstehen von Typ 2-Diabetes ist.

Auch bei der Verarbeitung von Cholesterin im Körper scheint Chrom eine Rolle zu spielen.

Die wichtigsten Quellen für Chrom in der Ernährung sind Fleischprodukte, ganz besonders Innereien wie Leber und Niere, daneben aber auch Käse und Vollkornprodukte. Besonders viel Chrom ist in Bierhefe enthalten.

Wie viel Chrom der menschliche Körper wirklich braucht, ist unter Ernährungsexperten umstritten und von der Wissenschaft bis heute noch nicht eindeutig geklärt. Der Bedarf wird auf 30 bis 300 Mikrogramm geschätzt. Bekannte orthomolekulare Mediziner wie Melvyn R. Werbach aus den USA empfehlen mit 200 bis 300 mg Chrom täglich deutlich höhere Mengen.

Die typische Tagesmenge in Deutschland liegt bei ungefähr 60 Mikrogramm, wobei aber nicht alles aufgenommene Chrom auch vom Stoffwechsel umgesetzt werden kann. Individuell gibt es erhebliche Schwankungen, was auch daran liegt, dass Chrom besonders in Lebensmitteln wie Leber enthalten ist, die von den meisten Menschen nicht regelmäßig verzehrt werden.

Einen Mehrbedarf an Chrom gibt es vermutlich bei:

• fett- und zuckerreicher Ernährung
• hoher Stressbelastung
• älteren Menschen

• schwangeren Frauen

Ein Mangel an Chrom begünstigt wahrscheinlich Diabetes und Arteriosklerose. Wenn Chrom als Nahrungsergänzungsmittel eingenommen wird, sollte man darauf achten, dass das Chrom in organisch gebundener Form vorliegt, z. B. in Präparaten, die aus Bierhefe gewonnen werden, oder als Chrom-Chelat. Eine Überdosierung bei Chrom ist nicht zu befürchten, solange man eine Menge eines Milligramms pro Tag nicht über einen längeren Zeitraum überschreitet.

Schadstoffe

GLYPHOSAT

Glyphosat ist in aller Munde. Glyphosatrückstände lassen sich fast überall nachweisen, sogar im Bier wurde schon Glyphosat gefunden. Aber wie gefährlich ist Glyphosat? Ist Glyphosat wirklich das gefährliche krebserregende Supergift, als das es in den Medien erscheint?

Glyphosat ist ein Unkrautvernichtungsmittel, und zwar eines, das unterschiedslos alle Pflanzen gleichermaßen zum Absterben bringt, mit denen es in Berührung kommt. Es hemmt ein Enzym in der Pflanze, das für die Eiweißsynthese zuständig ist. Die Pflanze kann keine neuen Zellen mehr bilden und stirbt innerhalb von wenigen Tagen ab. Es gibt andere Unkrautvernichtungsmittel, die nur gegen bestimmte Pflanzen wirken, zum Beispiel gegen Gräser oder nur gegen breitblättrige Pflanzen. Glyphosat ist hingegen ein sogenanntes Totalherbizid, was bedeutet, dass es jeden Bewuchs vernichtet, auch hartnäckige Unkräuter, weil Quecke absterben, die sonst nur schwer mechanisch zu bekämpfen sind. Glyphosat wurde ursprünglich von der Firma Monsanto entwickelt und dort per Zufall entdeckt.

Glyphosat wird seit etwa 1970 in größerem Stil verwendet. Neuerdings gibt es genmanipulierte Pflanzen, die gegen die Wirkung von Glyphosat immun sind. Man kann also Felder behandeln, auf denen bereits Kulturpflanzen wie Soja wachsen. Das Glyphosat vernichtet sämtliche Unkraute, lediglich die genmanipulierten Sojapflanzen, die gegen die Wirkung immun sind, bleiben am Leben. In den USA und in Südamerika gibt es gigantische Anbauflächen mit diesen genetisch veränderten Pflanzen und es werden dort große Mengen an Glyphosat verwendet. Der Glyphosatverbrauch in den USA ist in den letzten zehn Jahren drastisch angestiegen, weil mehr und mehr derartige genveränderte Pflanzen angebaut werden. Für die Landwirte ist das sehr praktisch und wirtschaftlich, weil die Unkrautbekämpfung so sehr einfach und kostengünstig ist.

In Deutschland ist der Verbrauch an Glyphosat in der Landwirtschaft seit Jahren leicht rückläufig, es stimmt also nicht, dass hier immer mehr gespritzt wird. Steigend ist allerdings der Verbrauch an Glyphosat durch Hobbygärtner.

Und wie gefährlich ist Glyphosat nun wirklich für den Menschen?

Zunächst einmal: Glyphosat wurde als möglicherweise krebserzeugend eingestuft. Das an sich besagt nicht viel. Alkohol, rotes Fleisch und Sonnenstrahlung werden zum Beispiel von der gleichen Organisation nicht als „möglicherweise", sondern als „mit Sicherheit" krebserzeugend eingestuft. Tatsache ist, dass Glyphosat weit weniger toxisch ist als die meisten anderen Unkrautvernichtungsmittel. Es hat zudem die Eigenschaft, kaum ins Grundwasser ausgewaschen zu werden und sich relativ schnell im Boden abzubauen. Wegen eben dieser positiven Eigenschaften erfreut es sich weltweit so großer Beliebtheit. Wird Glyphosat verboten, werden die Landwirte auf andere Unkrautvernichter zurückgreifen, die samt und sonders alle giftiger und ökologisch problematisch sind. Oder es wird mehr mechanische Bodenbearbeitung mit dem Pflug betrieben und das Unkraut wird auf diese Weise bekämpft.

Das Pflügen fördert aber die Bodenerosion und belastet das Klima durch das Verbrennen von Dieseltreibstoff.

Wir sollten also die Kirche im Dorf lassen, bevor wir wegen Glyphosat in Panik geraten. Dass irgendjemand von den Mengen an Glyphosat, die aktuell in Lebensmitteln auftauchen, tatsächlich Krebs entwickelt, ist mehr als unwahrscheinlich.

Wenn Du wirklich Deine Gefahr, an Krebs zu erkranken, verringern willst, dann reduziere den Verzehr von Zucker, Alkohol und rotem Fleisch, und wenn Du Raucher bist, hör auf zu rauchen. Vermeide es, Sonnenbrand zu bekommen, und gehe zur Hautkrebsvorsorge.

Alle diese Faktoren sind um Längen gefährlicher als die winzigen Spuren an Glyphosat, die in manchen Lebensmitteln gefunden wurden. Und denk daran, mit modernen Analysemethoden kann man jeden Schadstoff fast überall finden. Selbst einen Zuckerwürfel, der im Bodensee aufgelöst wird, kann man heutzutage mit chemischen Analysen nachweisen.

Man muss Glyphosat nicht mögen – aber es gibt sicher keinen Grund, um in Panik zu geraten.

ASPARTAM

Aspartam ist ein Süßstoff, der bei Verstoffwechselung sehr gefährlich werden kann. Aspartam ist ungefähr 200-mal süßer als weißer Haushaltszucker, weshalb man bei der Zubereitung viel weniger benötigt. Der Süßstoff wird in sehr vielen Nahrungsergänzungsmitteln verwendet, da man nur eine sehr geringe Menge benötigt. Aspartam besteht aus drei Zutaten: Asparaginsäure, Methanol und Phenylalanin. Nimmt man den Süßstoff im Körper auf, zerfällt er in seine drei Bestandteile. Aus diesem Grund muss auf jeder Verpackung stehen, aus welchen Zutaten Aspartam besteht, denn nicht jeder verträgt zum Beispiel Phenylalanin.

NITRAT UND NITRIT

Nitrat und Nitrit kommen in der Natur natürlich vor, wenn Stickstoffhaltiges verrottet. Sie sind in tierischen Fäkalien enthalten, entstehen auch bei Blitzeinschlägen aus Stickstoff und Sauerstoff in geringen Mengen und sie sind der primäre Bestandteil aller Stickstoffdünger. Seit Anfang des zwanzigsten Jahrhunderts kann man Stickstoffdünger auf großtechnischem Wege über das Haber-Bosch-Verfahren herstellen.

Davor war man auf natürlich vorkommende Dünge-
mittel wie Guano angewiesen.

Auch Gülle aus der Tierhaltung enthält Nitrat und
Nitrit. Nitrate und Nitrite sind Salze der Salpetersäure
und der salpetrigen Säure. Sie werden in der Lebensmittelindustrie benutzt, um Wurstwaren haltbarer zu
machen. Es gibt kaum eine Mettwurst oder Salami, die
ohne Nitrat oder Nitritpökelsalz auskommt. Bestimmtes Gemüse, wie Spinat und Salat, neigt von Natur aus
dazu, große Mengen Nitrat zu speichern. Nitrat und
Nitrit können im Körper unter Umständen zu krebser-
regenden Nitrosaminen umgewandelt werden. Ande-
rerseits hat Nitrat aber auch positive Auswirkungen
auf den menschlichen Körper.

Wirklich empfindlich gegen erhöhte Nitratbelas-
tungen reagieren eigentlich nur Säuglinge. Wenn Du
Dir sorgen um eine überhöhte Nitratbelastung machst,
solltest Du Dich mit Deinem örtlichen Wasserversor-
ger in Verbindung setzen.

FLUORIDE

Je nach Dosis können Fluoride giftig sein. Fluoride sind
in fast allen Zahncremes zu finden. Auf Zahnpasta
kann man diverse Warnhinweise finden, die darauf

hindeuten, dass Fluorid ziemlich gefährlich sein kann. Nimmt man zu viele Fluoride zu sich, dann kann es zu einer Knochenfluorose kommen. Die Knochen werden nach und nach immer brüchiger. Dennoch ist Fluorid in Zahnpasta enthalten, da es angeblich vor Karies schützt.

Woran erkennt man eine akute Fluorid-Vergiftung? Folgende Symptome treten bei einer Fluorid-Vergiftung auf: Übelkeit, Bauchschmerzen, Erbrechen und Durchfall sowie nervliche Probleme und Kribbeln.

Ob wir nun tatsächlich Fluorid in unserer Zahnpasta benötigen oder nicht, lassen wir mal dahingestellt. Allerdings sollte Dir klar sein, dass Webseiten, die wissenschaftliche Belege vorlegen, dass Fluoride schädlich sind, bereits nach kurzer Zeit wieder gelöscht werden. Immer wieder wird gemunkelt, dass es manipulierte Studien zum Thema Fluoride gibt. Schon mehrmals wurden wissenschaftliche Studien und Statistiken als Beweis für die Wirksamkeit von Fluor veröffentlicht, allerdings sind sehr viele dieser Studien so repräsentativ, dass die von den Befürwortern der Kariesprophylaxe mit Fluor vorgelegten Erfolgsstatistiken vom amerikanischen Berufsstatistiker und Mathematiker Dr. Arnold maximal dafür verwendet werden, um bei Vorlesungen als Anschauungsmaterial verwendet zu werden, wie Statistiken auf keinen Fall gemacht werden sollen.

Fakt ist, dass unser Körper keine Fluoride benötigt, also kann man auch getrost darauf verzichten.

Herstellung und Verlag:

BoD – Books on Demand, Norderstedt

ISBN: 9783755778356

1. Auflage

Kontakt: Psiana eCom UG/ Berumer Str. 44/ 26844 Jemgum

Covergestaltung: Fenna Larsson

Coverfoto: depositphotos.com